인과추론

이서정

12

도서출판 해남

인과추론

초판1쇄 인쇄 2024년 1월 19일
초판1쇄 발행 2024년 1월 26일

저 자 이서정
발행인 노현철
발행처 도서출판 해남

출판등록 1995. 5. 10 제 1-1885호
주 소 서울특별시 마포구 마포대로8길 9 영명빌딩 405호
전 화 739-4822 **팩스** 720-4823
이 메 일 haenamin30@naver.com
홈페이지 www.hpub.co.kr

ISBN 978-89-6238-812-1 93320

이 저서는 2021년 대한민국 교육부와 한국학중앙연구원(한국학진흥사업단)을 통해 K학술확산 연구소사업의 지원을 받아 수행된 연구임(AKS-2021-KDA-1250002).

머리말

대학 졸업장은 연봉을 얼마나 올려 줄까?

모든 직장에서 출산 시 6개월의 유급휴가를 보장하면 출산율은 얼마나 올라갈까?

이러한 질문들에 대해 실제 데이터에 기반한 대답을 하기 위해서는 사람들의 선택이나 정부의 정책 등에 따른 인과효과(causal effect)를 올바르게 추정할 수 있어야 한다. 그러나 사람들이 내린 여러 선택들 그리고 정부나 각종 지자체의 정책은 실험실에서 일어나는 실험처럼 참여 여부가 무작위로 결정되는 것이 아니기 때문에 단순히 고졸자들과 대학 졸업자들의 연봉을 비교한다거나 유급휴가 확대정책 시행 전후의 결과를 단순 비교하는 방법으로는 우리가 원하는 인과효과를 정확히 추정할 수 없다. 인과효과 추정을 위해 개발된 이중차분법(difference-in-differences: DID), 회귀단절법(regression discontinuity: RD) 등 여러 통계기법 중 이 책에서는 '도구변수'(instrumental variables: IV)법에 초점을 맞추어 소개한다. 특히, 도구변수법은 복잡한 통계기법에 의존하기보다는 인과관계의 연결고리에 대한 아이디어를 통해 내생성(endogeneity) 문제를 해결할 수 있는 방법이다. MIT의 조슈아 앵그리스트(Joshua Angrist) 교수, 그리고 스탠퍼드 대학교의 휘도 임번스(Guido Imbens) 교수는 도구변수를 사용해서 인과효과를 추정하는 방법론을 개발한 공로로 2021년 노벨 경제학상을 수상하였다. 이 책은 임번스와 앵그리스트의 이론을 설명하고 인과추론의 최신 연구동향을 소개하는 것을 그 목적으로 한다.

이 책의 중요한 특징은 한국 사회의 대표적인 문제 중 하나인 저출산을 주요 예시로 사용하여 책의 처음부터 끝까지 모든 이론적인 논의를 하나의 예시 안에서 구체적인 숫자를 이용하여 다루었다는 것이다. 시중에 나와 있는 교과서들이나 신문, 잡지 등에서 다루어지는 여러 통계기법이나 최신 인과추론에 관한 이론은 미국의 예시를 사용한 경우가 대부분이라 한국의 독자들에게 직접적으로 와 닿지 않는 경우가 많고, 따라서 이론 역시 이해하기 어려운 경우가 많다. 그러므로 한국의 독자들이 쉽게 이해할 수 있는 저출산 문제와 관련하여 여성들의 실질적인 고민인 '일과 육아를 양립할 수 있을까'를 예시로 삼았다. 한국 사례를 예시로 삼은 것과 함께 이론 전개에 여러 단편적인 예시들을 나열한 것이 아니라 구체적인 숫자를 사용하여 추상적인 이론에 실질적 의미를 담고자 하였다.

이 책은 EBS와 네이버, 그리고 서울대학교가 함께 만든 '생각의 열쇠, 천 개의 키워드'에서 '데이터 기반 인과추론'이라는 제목으로 저자가 강연한 내용을 수정 및 발전시킨 것이라는 것을 밝힌다. 또한 이 책의 초고 수정 과정에서 많은 조언을 주신 서울대학교 조영준, 황지수 교수님, 경희대학교 김태훈 교수님과 자료 수집 및 정리에 도움을 준 최준호 군에게도 감사의 말씀을 드린다.

2023. 12

이서정

차례

들어가며

2021년, 버클리 대학교의 데이비드 카드(David Card), 매사추세츠공대(MIT)의 조슈아 앵그리스트, 그리고 스탠퍼드 대학교의 휘도 임번스 세 명의 교수가 공동으로 노벨 경제학상을 수상하였다. 세 명의 수상자 중 계량경제학(Econometrics)• 분야의 업적을 인정받아 노벨상을 공동수상한 앵그리스트와 임번스는 여러 논문을 함께 출판하였는데, 그중 1994년 논문, "Identification and Estimation of Local Average Treatment Effects"가 노벨상 수상에 가장 큰 기여를 하였다고 볼 수 있다 (Imbens and Angrist 1994). 이 논문은 9페이지밖에 되지 않는 (경제학의 다른 논문들에 비해) 짧은 논문이며, 다른 계량경제학 논문들에 비해 복잡한 수식이나 증명도 많지 않다. 따라서 이 논문이 왜 그렇게 중요한 논문이었는지 궁금해할 독자들이 많을 것 같은데, 이에 대해 살펴보기로 하자.

계량경제학: 경제학의 한 분야로 수학과 통계학을 경제이론에 적용하여 경제를 분석하고 예측하는 학문이다.

경제학을 비롯한 사회과학을 연구하는 학자들은

자연현상의 법칙이 아닌 인간사회의 여러 현상의 원인과 결과를 연구한다. 앵그리스트와 임번스 역시 경제학자이므로 사람들이 정한 규칙이나 정책이 우리에게 어떤 영향을 주는지에 대해 관심이 있다. 이들의 중요한 업적 중의 하나는 자연현상이나 혹은 실험실에서 얻은 자료를 통해 관심의 대상이 되는 변수들 사이의 인과관계●를 밝힌 것이 아니라, 내가 대학을 갈 것인지, 직업교육을 받을 것인지, 혹은 아이를 가질 것인지 등 사람들의 선택으로 인해 벌어지는 일들의 인과관계를 데이터●를 통해 알아낼 수 있다고 밝힌 점이다.

인과관계: 어떤 사건이나 요인이 발생하였을 때 다른 사건이나 요인이 그 결과로 발생하면 두 사건은 인과관계가 있다고 말한다. 이는 두 사건이 서로 연관이 있음을 뜻하는 상관관계와는 다른 말로 상관관계가 있는 두 사건은 인과관계가 없을 수 있다.

데이터: 관찰, 측정, 수집, 혹은 생성된 정보의 집합으로서 이 책에서는 연구자가 관측 및 이용가능한 수치로 된 자료를 뜻한다.

우선 인과관계에 대해 살펴보자. 자연과학의 경우 인과관계를 밝히기가 상대적으로 쉬운 경우가 많다. 예를 들어, "온실가스가 증가하면 지구의 평균기온이 상승한다" 혹은 "밀폐된 장소에서 일산화탄소를 흡입하면 심각한 경우 사망에 이를 수 있다"와 같은 명제는 그 인과성을 과학적으로 증명할 수 있다. 그러나 경제학을 비롯한 사회과학에서 인과관계를 밝히기란 여간 어려운 일이 아니다. 사회과학에서 다루는 여러 변수들은 개인의 선택에 의해 결정되는 경우가 많기 때문이다.

간단한 예를 통해 설명을 해보겠다. 동네에 성적을 올리는 데 도움이 되기로 유명한 학원이 있어서 한 학생이 학원을 다닐지 고민하고 있다고 가정해 보자. 친구들 중 '학원을 다니는 친구들'과 '그렇지 않은 친구들'을 비교해 보니 학원을 다니는 친구들이 대체로 성적이 더 좋다고 하자. 그렇다면 학원이 성적 향상에 효과가 있다고 이야기할 수 있을까? 만약 누군가가 학생들의 의사와 상관없이 무작위로 누가 학원에 다닐지를 결정하였다면 학원에 다니는 학생들과 그렇지 않은 학생들의 성적 차이는 학원 때문이라고 말할 수 있다. 하지만 현실은 그렇지 않다. 학원에 다닐지 말지는 학생들 개개인이 스스로(보다 현실적으로는 부모가) 결정하는 것이기 때문이다. 학원에 다니는 학생들은 학교 수업을 열심히 듣고 방과 후에는 예습과 복습도 열심히 하는 학생일 가능성이 높다. 이 경우 학원에 다니는 학생들의 성적이 좋은 것은 학원 때문이 아니라 원래 공부를 열심히 하는 학생들이기 때문이다. 따라서 학원은 실제로 성적 향상에 아무런 도움을 주지 못하지만 마치 도움을 주는 것처럼 보일 수 있다. 즉, 우리가 알고 싶은 두 변수 사이의 관계를 살펴볼 때 또 다른 변수의 영향을 고려하지 않는다면

무작위: 어떤 선택이 정해진 규칙을 따르지 않고, 예측 불가능하고 우연히 일어나는 것을 의미한다. 주사위를 굴릴 때의 숫자, 동전 던지기의 결과 등이 무작위 사건의 예시이다.

인과관계가 없음에도 불구하고 인과관계가 있는 것처럼 보일 수 있다. 이렇게 두 변수 사이의 관계에 영향을 미칠 수 있는 다른 변수의 영향을 고려하는 것을 해당 변수를 '통제'한다고 말하고, 그러한 변수들을 '통제변수•'라고 부른다. 통제변수에 대해서는 뒤에 더 자세히 살펴보도록 하겠다.

통제변수: 두 변수의 관계를 살펴보고자 하는 연구에서 다른 변수들의 영향을 분리하기 위해 사용되는 변수이다.

인과관계를 가진 두 변수가 있을 때 원인이 되는 변수가 다른 변수에 미치는 영향의 크기를 인과효과라고 한다. 우리가 일상적으로 마주치는 현실에서 인과효과의 사례를 보기 위해 현재 한국 사회가 당면한 중요 문제 중 하나인 저출산 문제를 생각해 보자. 그림 1은 우리나라의 출산율을 나타낸 그래프이다.

2023년 2분기 합계출산율•이 0.7대로 떨어졌다. 이러한 합계출산율은 사상 최저라고 한다. 여러 전문가들은 현재의 추세가 계속된다면 앞으로 사회 경제적으로 심각한 문제가 발생할 수도 있다는 이야기를 한다. 일할 사람이 줄어들고, 인구구조가 고령화되면서 국가 재정에도 큰 부담이 되고 기업들도 구인난에 시달릴 수 있다.

합계출산율: 한 국가나 집단의 출산율을 나타내는 지표의 한 종류로서, 여성 한 명이 평생 동안 낳을 것으로 예상되는 자녀의 수를 뜻한다.

어떻게 하면 출산율을 높일 수 있을까? 출산율이 높아지려면 당연하게도 여성들이 아이를 더 많이 낳아

|그림 1| 2000년 이후 대한민국의 합계출산율과 출생아 수

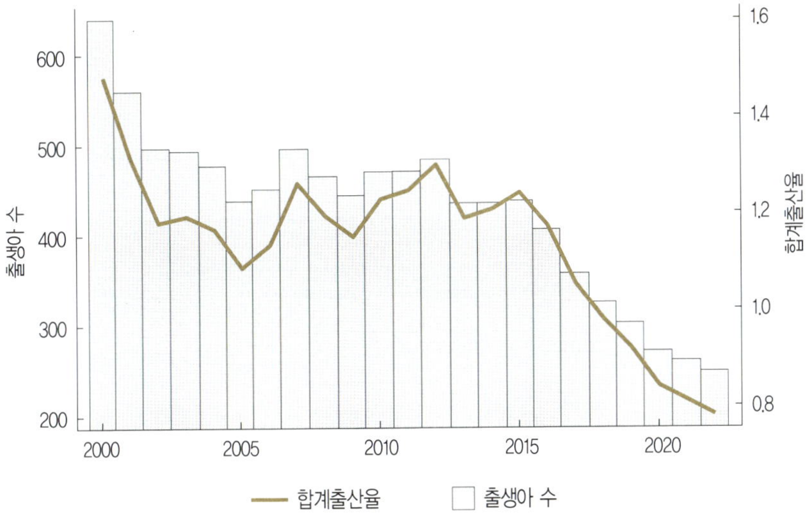

주: e-나라지표와 통계청 발표자료 이용.

야 한다. 여성들이 아이를 낳으면 육아로 인해 아이가 없을 때보다 덜 일하게 될 것이다. 즉, 출산율을 높이는 정책은 여성의 경제활동 참여율•을 떨어뜨리는 방향으로 작용할 것이다. 하지만 다른 한편으로 직장에서의 성 격차를 줄이면 해당 기업의 생산성 향상뿐만 아니라 국가 전체적으로도 경제성장에 도움이 될 수 있으므로 여성들의 경제활동 참여율을 높이기 위해 정부가 여러 정책을 사용하기도 한다. 2023년 노벨

경제활동 참여율: 특정 인구 집단 내에서 경제활동을 수행하고 있는 인구의 비율을 나타내는 지표이다.

경제학상을 수상한 하버드 대학교의 클로디아 골딘(Claudia Goldin) 교수는 성별 임금 격차를 줄이기 위해 여성들이 많이 선택하는 유연한 일자리의 생산성을 높여야 한다는 주장을 하기도 하였다.

경제활동에 참여하는 가임기 여성의 입장에서는 상당히 혼란스러울 것이다. 한쪽에서는 아이를 낳으라고 장려하는 정책을 시행하고, 또 다른 쪽에서는 직장에서 더 많이 일하라는 정책을 시행하고 있기 때문이다. 이러한 여러 정책들이 동시다발적으로 시행된다면 그 효과가 중첩되어 나타나기 때문에 정책의 인과 효과를 정확히 알 수 없다. 정부 입장에서는 가능한 모든 정책들을 다 시행하고 기업도 그러한 정부의 정책에 최대한 동참할 수 있도록 한다면 그 결과가 어떻든 최선을 다하였다고 말할 수도 있을 것이다. 그러나 여러 정책들이 동시에 시행될 경우 각각의 정책효과들이 서로 상쇄되는지 혹은 시너지 효과를 내는지, 그리고 정부와 기업이 구체적으로 어떤 부분에서 협력하는 것이 가장 효과적인지 등에 대한 정보가 빠져 있다면 데이터에 기반한 경제학 연구를 하는 저자에게는 영 만족스러운 대답이라고 할 수 없다.

일반적으로 이러한 문제는 쉽게 대답하기 어렵다.

사회과학자로서 정확한 대답을 하려면 더욱 그렇다. 과학적으로 정확한 대답을 하기 위해서는 먼저 인과관계와 그 효과에 관한 몇 가지 구체적인 질문에 대해 데이터에 기반한 근거를 갖고 있어야 한다. 즉, 여성이 아이를 한 명 더 가지게 되면 경제활동 참여율이 구체적으로 얼마나 하락하는지(일을 그만두게 되는 비율, 파트타임으로 일한다면 근로시간이 얼마나 줄어드는지 등), 첫째 아이인지 혹은 둘째나 셋째 아이인지에 따라 노동시장 참여율에 차이가 나는지, 주변에서 도움을 얻을 수 있는지에 따라 그 결과가 달라지는지 등에 대해 데이터에 기반한 구체적인 수치가 있어야만 정부가 효과적인 정책 수립을 할 수 있을 것이다.

어떻게 하면 데이터로부터 올바른 인과관계를 찾아낼 수 있을까? 이에 대한 답을 하기 위해 임번스와 앵그리스트는 복잡한 수식이나 강한 가정 없이 논리적으로 간단한 구조를 가진 모형을 사용해서 인과관계에 의해 발생하는 효과, 즉 인과효과를 정의한다. 제1장에서는 이 모형에 대해 알아보도록 하겠다.

1

잠재적 결과 모형

임번스와 앵그리스트가 1994년 논문에서 사용한 모형은 잠재적 결과 모형(potential outcomes framework)인데, 이 모형은 통계학에서 개발된 모형으로 통계학자들의 이름을 따 네이만-루빈 인과 모형(Neyman-Rubin causal model)이라고도 불린다. 이 모형에서는 '실제로 일어난 결과'와 '실제로 일어나지 않았지만 그럴 수도 있었던 결과'를 구분해서 분석한다. 즉, 내가 대학에 진학한 후 취직을 하였지만 만약 대학에 진학하지 않고 바로 취직을 하였으면 지금쯤 내가 받고 있는 연봉은 더 높을까, 혹은 둘째 아이를 낳고 다니던 직장을 그만두게 되었는데 만약 둘째를 낳지 않았다면 계속 일을 하고 있을까라는 것들이 잠재적 결과라고 할 수 있다. 이는 저자가 어린 시절 TV에서 인기리에 방영되었던 인생극장이라는 프로그램에서 주인공이 두 가지 선택지 중 하나를 선택해야 하는 상황에 맞닥뜨리게 되는 것과 같다.

잠재적 결과 모형을 수식으로 나타내 보면 다음과 같다. 우선 우리가 한 선택을 D라고 표시하고, 선택변수 D는 0과 1, 두 가지 값을 가질 수 있다고 하자. 선택변수 D의 예시로는 '4년제 대학에 진학 여부', '아이가 한 명인지 혹은 두 명 이상인지 여부', '재취

업 프로그램에 등록하였는지 여부' 등을 생각해 볼 수 있다.

이 책에서는 '경제활동을 하고 있는, 아이가 하나 혹은 둘 있는 여성들'의 둘째 출산 여부를 선택변수 D라고 표시하겠다. 즉, D=0은 둘째 아이를 낳지 않은 경우, D=1은 둘째 아이를 낳은 경우가 된다. 또한 이 책에서는 이러한 여성들의 둘째 출산 여부에 따라 여성들의 경제활동이 얼마나 줄어드는지, 즉 얼마나 덜 일하게 되는지를 살펴보려고 한다. 따라서 주당 근로시간을 결과변수 Y라고 표시하고, 각각의 경우에 대해서 여성의 잠재적 주당 근로시간을 Y(0)과 Y(1)로 표시한다. 이를 정리해 보면 다음과 같다.

D=0: 둘째를 낳지 않는 선택
D=1: 둘째를 낳는 선택
Y(1): 둘째를 낳았을 때(D=1) 그 여성의 주당 근로시간
Y(0): 둘째를 낳지 않았을 때(D=0) 그 여성의 주당 근로시간

이렇게 잠재적 결과변수를 정의하면 이 모형에서의

인과효과(causal effect) 혹은 처치효과(treatment effect)는 Y(1)과 Y(0), 두 잠재적 결과의 차이로 나타내어진다.

Y(1)−Y(0): 인과효과(처치효과)

만약 두 잠재적 결과의 차이가 작거나 0이라면 '둘째 아이의 출산'이 그 여성의 주당 근로시간에 미친 영향이 작거나 없다고 할 수 있다. 즉, 인과효과가 작다는 뜻이다. 반대로 두 잠재적 결과의 차이가 크다면 '둘째 아이의 출산'으로 인해 그 여성이 주당 근로시간을 크게 줄이게 된 것이므로 둘째 출산이 주당 근로시간에 미친 인과효과가 크다고 말할 수 있다.

이처럼 잠재적 결과 모형에서 정의된 인과효과는 아주 간단한 구조를 가지고 있다. 이 모형에서는 분석의 편의를 위해 시간에 따라 인과효과가 변화하는 경우는 고려하고 있지 않음을 유의하자.

구체적인 숫자를 이용해서 인과효과를 살펴보기 위하여 표 1처럼 8명의 여성이 있다고 생각해 보자. 이 표에서 D가 1인 4명은 둘째를 출산한 여성들이고, D가 0인 나머지 4명은 둘째를 출산하지 않은 여성들이다. 이 표에는 각 여성들의 잠재적 주당 근로시간도

|표 1| 잠재적 주당 근로시간과 개별 인과효과

	둘째 출산 여부	잠재적 주당 근로시간		개별 인과효과
	D	Y(1)	Y(0)	Y(1)-Y(0)
여성 1	1	24	44	-20
여성 2	0	0	52	-52
여성 3	0	16	40	-24
여성 4	1	40	40	0
여성 5	1	16	24	-8
여성 6	0	32	44	-12
여성 7	0	0	40	-40
여성 8	1	12	16	-4

나와 있다. 예를 들어, 여성 1의 경우 둘째를 낳지 않았다면 주당 마흔네 시간을 일하지만 둘째를 낳을 경우 주당 스물네 시간만 일하게 된다. 이는 표의 세 번째, 네 번째 열에 각각 Y(1)과 Y(0)으로 나타나 있다. 이 경우 여성 1은 둘째를 가지게 되면 마지막 열에 나오는 것처럼 주당 스무 시간을 덜 일하게 되고, 우리는 이를 개별 인과효과(individual treatment effect)라고 부른다.

인과효과는 사람들마다 다르므로 각각의 여성에 대해서 인과효과를 정의할 수 있다. 여성 1부터 여성 8까지 여덟 명의 여성들은 서로 다른 개별 인과효과를 가지고 있는데, 이를 이질적 인과효과(heterogeneous treatment effects)라고 부른다. 이는 사람들이 모두 동일한 인과효과를 가지고 있다는 모형(constant treatment effect)과 비교하여 사람들의 이질성(heterogeneity)●을 강조한 모형이다. 잠재적 결과 모형은 각 개인에 대해 각각의 선택에 따른 인과효과를 정의하므로 이러한 이질적 인과효과가 자연스럽게 나타난다.

이질성: 학문 분야에 따라 다양한 의미를 가질 수 있으나 이 책에서는 인과효과 혹은 처치효과가 사람들마다 다르다는 다양성을 뜻한다.

여성 8명의 개별 인과효과를 다 알 수 있다면 각 여성들에게 맞춤형 정책을 고려할 수 있다. 예를 들어, 여성 2와 여성 7의 경우 둘째를 낳게 되면 일을 그만두게 될 여성들이므로 맞춤형 돌봄제도나 육아 도우미 등의 정책을 통해 이 여성들이 파트타임으로 경제활동을 할 수 있도록 도와줄 수 있다.

하지만 이러한 맞춤형 정책은 현실적으로 불가능한데, 이는 여성들의 개별 인과효과를 아는 것이 불가능하기 때문이다. 개별 인과효과를 알기 위해서는 잠재적 결과변수 둘 모두를 관측해야 한다. 그러나 사람들은 두 선택 중 하나만을 고를 수 있고 다른 선택을 하였다면 어떤 결과가 나왔을지 시간을 되돌려 알아볼 수 없기 때문에 잠재적 결과변수를 둘 다 관측하는 것은 불가능하다. 즉, 각각의 여성에 대해서 우리는 Y(1)과 Y(0) 중 하나만을 관측할 수 있으며, Y(1)과 Y(0) 중 어떤 값을 관측하게 되는지는 D값이 1인지 0인지에 따라 바뀌게 된다. 따라서 우리가 실제 관측하는 Y는 다음과 같이 쓸 수 있다.

$$Y=Y(0)+(Y(1)-Y(0))\times D$$

만약 D=1이면 $Y=Y(0)+Y(1)-Y(0)=Y(1)$

만약 D=0이면 $Y=Y(0)+(Y(1)-Y(0))\times 0=Y(0)$

항등식: 주어진 변수의 값에 상관없이 항상 성립하는 등식을 뜻한다.

이 식은 항등식이다. 좌변에는 우리가 관측하는 실제 결과변수 Y가 있고, 우변에는 잠재적 결과변수가 있다. 이 식이 항등식인 이유는 실제 결과변수 Y는 항상 잠재적 결과변수 Y(1) 혹은 Y(0), 둘 중 하나이기 때문이다. 다시 말해, D값이 1이면 Y=Y(1), 즉 Y(1)이 관측되고, D값이 0이면 Y=Y(0), 즉 Y(0)이 관측된다.

표 2에서 연한 밤색으로 표시된 여성들은 둘째를 출산한 여성들(D=1)이므로, 우리가 관측하는 실제 주당 근로시간은 곧 D=1일 때의 잠재적 주당 근로시간인 Y(1)이 된다. 그리고 연한 회색으로 표시된 여성들은 둘째를 낳지 않은 여성들(D=0)이므로, 우리가 관측하는 이 여성들의 실제 주당 근로시간은 D=0일 때의 잠재적 주당 근로시간인 Y(0)이 된다.

|표 2| 잠재적 주당 근로시간과 실제 주당 근로시간

	둘째 출산 여부	실제 주당 근로시간	잠재적 주당 근로시간		개별 인과효과
	D	Y	Y(1)	Y(0)	Y(1)-Y(0)
여성 1	1	24	24	44	-20
여성 2	0	52	0	52	-52
여성 3	0	40	16	40	-24
여성 4	1	40	40	40	0
여성 5	1	16	16	24	-8
여성 6	0	44	32	44	-12
여성 7	0	40	0	40	-40
여성 8	1	12	12	16	-4

이 표에서 볼 수 있듯이 여성들의 잠재적 결과 중 하나만을 관측할 수 있으므로 개별 인과효과를 아는 것은 불가능하다. 따라서 보통 연구자들은 개별 인과효과 대신 평균 인과효과(average causal effect 혹은 average treatment effect)를 알아내려 한다. 즉, 각 개인에 대한 인과효과 대신 인과효과의 크기가 '평균적으로' 얼마나 되는지를 알아보려는 것이다. 데이터가 많아질수록 점점 더 정확히 평균을 계산할 수 있으므로, 데이터로부터 구한 평균 인과효과 역시 더 많은 관측치를 사용할수록 더 정확하게 구할 수 있다는 장점이 있다.

평균 인과효과에서 중요한 문제는 어떤 집단의 평균을 구할 것인가 하는 문제이다. 연구자가 관심 있는 대상이 자녀를 한 명 이상 낳은 모든 여성이라면 여성 1부터 여성 8까지 모두의 개별 인과효과의 평균을 알고자 할 것이고, 관심의 대상이 둘째를 낳은 여성들이라면 D=1인 여성 1, 4, 5, 8의 개별 인과효과의 평균값을 알고자 할 것이다. 둘째를 낳은 여성들이 여전히 경제활동을 해 나갈 수 있도록 하는 것이 저출산 문제와 노동시장에서의 성 격차를 줄이는 해결책이라고 본다면, 정책입안자 입장에서는 둘째를 낳은 여성들이 이로 인해 얼마나 노동공급을 줄이게 되었는지가 관심의 대상이 될 수 있다.

그러면 표 2에서 둘째를 낳은 여성들의 평균 인과효과는 어떻게 구할 수 있을까? 여성 1, 4, 5, 8의 개별 인과효과의 평균값이 둘째를 낳은 여성들의 평균 인과효과이므로, 다음 식처럼 개별 인과효과들의 평균값을 계산하면 -8을 얻게 된다. 이로부터 둘째를 출산하였을 경우 여성들이 평균적으로 주당 근로시간을 8시간 줄이게 된다고 말할 수 있다.

둘째를 낳은 여성들의 평균 인과효과
=여성 1, 4, 5, 8의 Y(1)-Y(0)의 평균=-8시간

현실에서도 이렇게 쉽게 평균 인과효과를 구할 수 있으면 좋겠지만, 아쉽게도 실제 데이터에서는 개별 인과효과의 평균을 계산하여 평균 인과효과를 구할 수 없다. 왜냐하면 여전히 각각의 여성에 대해 Y(1)과 Y(0)을 동시에 관측하지 못하기 때문이다. 따라서 여기에서 중요한 것은 어떻게 하면 우리가 관측 가능한 값을 사용해서 둘째를 낳은 여성들의 평균 인과효과를 구할 수 있을까 하는 것이다. 둘째를 출산한 여성들(D=1)과 그렇지 않은 여성들(D=0)은 관측 가능하므로, 일반적으로 쉽게 생각해 볼 수 있는 것은 둘째를 출산한 여성들의 주당 근로시간의 평균을 구하고, 그렇지 않은 여성들의 주당 근로시간의 평균을 구해서 비교해 보는 방법이다.

표 3에서 먼저 D=1인 여성들의 실제 주당 근로시간 Y의 평균을 구하면 23시간이 나온다.

그리고 표 4에서처럼 D=0인 여성들의 실제 주당 근로시간 Y의 평균을 구하면 44시간이 되므로, 둘째를 출산한 여성들과 그렇지 않은 여성들의 주당 평균 근로시간의 차이가 21시간(-21)이라는 것을 알 수 있다.

[D=1 여성들의 Y 평균]-[D=0 여성들의 Y 평균]=-21

|표 3| 둘째를 출산한 여성들의 평균 실제 주당 근로시간

	둘째 출산 여부	실제 주당 근로시간	잠재적 주당 근로시간		개별 인과효과
	D	Y	Y(1)	Y(0)	Y(1)-Y(0)
여성 1	1	24	24	44	-20
여성 2	0	52	0	52	-52
여성 3	0	40	16	40	-24
여성 4	1	40	40	40	0
여성 5	1	16	16	24	-8
여성 6	0	44	32	44	-12
여성 7	0	40	0	40	-40
여성 8	1	12	12	16	-4
		평균=23			

|표 4| 둘째를 출산하지 않은 여성들의 평균 실제 주당 근로시간

	둘째 출산 여부	실제 주당 근로시간	잠재적 주당 근로시간		개별 인과효과
	D	Y	Y(1)	Y(0)	Y(1)-Y(0)
여성 1	1	24	24	44	-20
여성 2	0	52	0	52	-52
여성 3	0	40	16	40	-24
여성 4	1	40	40	40	0
여성 5	1	16	16	24	-8
여성 6	0	44	32	44	-12
여성 7	0	40	0	40	-40
여성 8	1	12	12	16	-4
		평균=44			

하루에 8시간을 일한다고 볼 경우 둘째 자녀의 출산으로 인해 거의 1주일에 3일을 덜 일하게 된다는 것인데, 이는 둘째를 출산한 여성들의 실제 평균 인과효과인 -8시간과는 매우 큰 차이가 난다. 왜 이런 차이가 발생할까?

결론적으로 말하자면, 관측된 결과값의 평균을 비교하는 방식에는 문제가 있다. 즉, 관측된 결과값의 평균을 단순 비교하는 방식으로는 우리가 알고 싶은 평균 인과효과를 얻지 못한다는 것이다. 이러한 현상이 발생하는 원인은 선택편향인데, 둘째 자녀를 출산한 여성들과 그렇지 않은 여성들 사이에 우리가 관측하지 못한 중요한 차이점이 있을 때 발생하게 된다.

이번 장에서는 잠재적 결과 모형을 통해 인과효과가 어떻게 정의되는지, 왜 개별 인과효과를 직접 계산하지 못하는지, 따라서 연구자들이 평균 인과효과를 구하려고 한다는 점에 대해 살펴보았다. 다음 장에서는 선택편향의 문제에 대해 알아보도록 하자.

2

선택편향과 통제변수

선택편향이란?

통제변수를 통한 선택편향 제거

선택편향이란?

선택편향(selection bias)은 우리가 비교하고자 하는 두 집단, 즉 어떤 처치(treatment)를 받은 집단(예: 둘째를 낳은 여성들)과 그렇지 않은 집단(예: 둘째를 낳지 않은 여성들)이 무작위로 선정되지 않았을 때 발생한다. 다시 말해, 사람들이 어떤 처치를 받을지 여부를 직접 '선택'하게 되면 두 집단의 구성이 무작위로 이루어지지 않게 되고, 이 경우 선택편향이 발생한다. 선택편향이 있을 경우 우리가 원하는 인과효과를 정확히 얻기 어려워진다.

이러한 선택편향의 문제는 신약의 효능을 테스트할 때, 혹은 운동이 건강에 미치는 영향을 측정하고자 할 때도 동일하게 적용된다. 예를 들어, 코로나19 백신이 처음 개발되었을 때 백신을 맞고자 한 사람들은 그렇지 않은 사람들에 비해 보다 젊고 건강한 사람일 가능성이 높고, 혹은 사람들을 많이 만나는 직종에 종사하고 있어서 위험을 감수하고서라도 백신을 맞았을 때의 효용이 큰 사람들일 수 있다. 따라서 백신을 맞은 사람들의 코로나19 감염률이 낮다고 해서 그러한 효과가 모든 사람에게 적용된다고 이야기할 수 없다. 운동의 경우, 건강한 사람들이 운동을 더 많이 할 것이므로 운동을 하루에 한 시간 이상 하는 사람들과 그렇지 않은 사람들의 비만 발생률을 단순 비교할 수 없다. 이러한 예시들은 우리가 일상생활에서 자주 접할 수 있는 반면, 경제학에서의 선택편향 문제는 상대적으로 덜 알려져 있다.

자녀 출산과 주당 근로시간 문제로 돌아가 보자. 우리가 비교하고 있는 여성들은 둘째를 출산한 여성들과 그렇지 않은 여성들, 두 집단으로 나뉘게 된다. 어떤 경우에 이 두 집단의 구성이 무작위로 선정될까? 만약 누군가가 둘째를 출산할지 여부를 무작위로 정해 주고 사람들이 그 지시에 완벽히 따를 경우에는 처치를 받은 집단(treated group)과 그렇지 않은 집단(control group)이 무작위로 구성되지만, 현대 민주주의 사회에서 이러한 실험은 상상하기 어려운 일이다.

둘째 출산 여부가 무작위로 주어지지 않았다고 할 때, 다음 질문은 둘째를 출산한 여성들과 그렇지 않은 여성들의 집단 구성에 선택편향이 존재할 것인가 하는 것이다. 질문을 좀 쉽게 바꾸어 보면, 자녀를 두 명 이상 가지는 여성들과 그렇지 않은 여성들 간에 평균적으로 어떤 차이가 있을까? 이 질문에 대한 답

|그림 2| **학력별 자녀 유무율(35~40세 여성)**

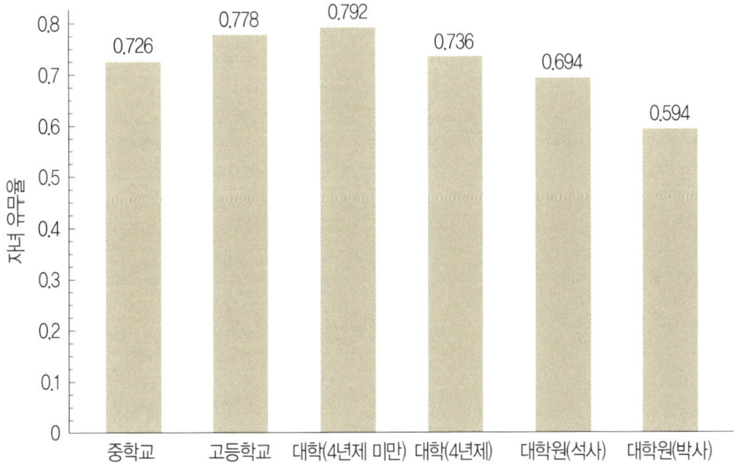

자료: 통계청, 「2015 인구주택총조사 표본조사」.

을 알아보기 위해 데이터를 살펴보자.

그림 2는 2015 인구주택총조사•에서 추출한 자료를 바탕으로 35~40세 사이 여성들의 학력별 자녀 유무의 비율 차이를 보여 준다. 가로축에는 학력이 나와 있고, 세로축에는 자녀를 가진 비율이 나와 있다. 이를 통해 학력이 높아질수록 자녀가 없는 경우가 많아진다는 사실을 알 수 있다.

그림 3은 학력별 평균 자녀 수를 보여 주는데, 자녀 유무와 마찬가지로 학력이 높아질수록 자녀 수가

인구주택총조사: 통계청 주관하에 대한민국 영토 내에 거주하는 인구, 가구, 주택의 규모와 특성, 지리적 분포를 파악하기 위해 1960년 이후 5년 주기로 전수 및 표본조사 결과가 발표되어 왔다. 2015년부터는 행정 자료를 활용하여 현장 조사 없이 통계를 생산하는 등록센서스 방식을 도입하여 인구 및 주택 규모 등 기본항목은 매년 전수조사가 실시되고 있다.

|그림 3| **학력별 평균 자녀 수(35~40세 여성)**

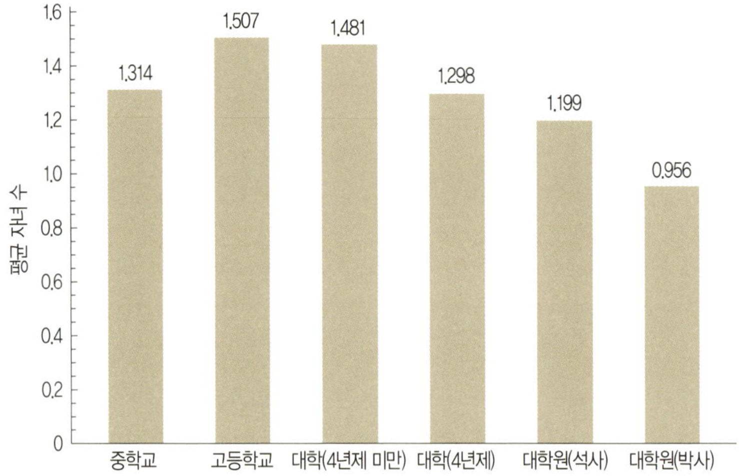

자료: 통계청, 「2015 인구주택총조사 표본조사」.

적어진다는 것을 알 수 있다. 학업이 길어질수록 자녀를 갖게 되는 나이가 늦어질 가능성이 높으므로, 자녀의 수 역시 학력이 높아질수록 적어지는 방향으로 나타난다. 이러한 영향은 대학원 석사 졸업자와 박사 졸업자들에게서 두드러진다. 또 하나 이 그림에서 주목할 점은 4년제 대학 졸업자의 경우 고졸이나 4년제 미만 대학 졸업자의 경우보다 자녀 수가 훨씬 적다는 것이다. 고졸이나 4년제 미만 대학 졸업자에 비해 4년제 대학 졸업자가 사회 진출 시점이 늦으므로 결혼 역

|그림 4| **직종별 자녀 수 분포(35~40세 여성)**

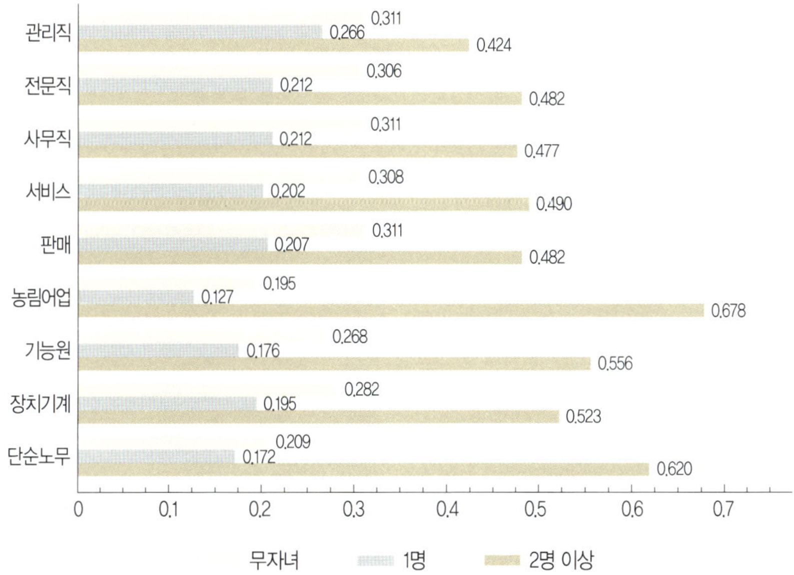

자료: 통계청, 「2015 인구주택총조사 표본조사」.

시 늦어져 자녀 유무 혹은 자녀의 수에 영향을 준다고 볼 수 있다.

그림 4는 직종별 자녀 수 분포를 보여 준다. 연한 밤색으로 표시된 그래프가 자녀가 없는 여성들, 회색 그래프가 자녀가 한 명인 경우, 진한 밤색이 자녀가 두 명 이상인 경우를 나타낸다. 모든 직종에 걸쳐서 자녀가 두 명 이상인 경우가 제일 많고, 그 다음이 무자녀, 그리고 자녀가 한 명인 경우의 순으로 나타나

지만, 그 내용을 살펴보면 직종별로 차이점이 있음을 알 수 있다. 특히, 농림어업, 그리고 단순노무에 종사하는 여성의 경우 두 자녀 이상인 경우가 60% 이상으로 다른 직종과는 큰 차이를 보인다.

이러한 데이터가 보여 주는 것은 학력이나 직업 등이 여성의 출산율과 밀접한 관계가 있다는 것이다. 학력과 직업, 그리고 소득 등의 주요 변수들과 출산율의 관계를 파악하는 연구는 그 자체로 매우 중요하지만 선택편향의 문제를 제거하기 위해서 이러한 변수들의 '인과관계'와 그 방향을 정확히 알 필요는 없다. 우리가 필요로 하는 것은 출산율과 '상관관계'가 있는 변수들을 최대한 많이 사용해서 '출산율에 영향을 주는 여러 요소들이 비슷한 여성들의 집단'을 만들어 내는 것이다. 이러한 방법에 대해서는 이 장의 뒷부분에서 자세히 설명하겠다.

그렇다면 학력과 직종 등의 변수를 사용하면 둘째를 갖는 것에 대한 선호가 비슷한 여성들의 집단을 찾아낼 수 있을까? 둘째를 가지는 여성들과 그렇지 않은 여성들 사이에 어떠한 차이가 있는지를 유추해 보면, 보다 커리어 중심적인 여성들이 둘째를 출산하는 경향이 낮고, 직장보다는 가정을 잘 꾸리는 것에서 보람을 찾는 여성들이 둘째를 출산하는 경향이 높을 것이라 생각해 볼 수 있다.

둘째를 가진 여성들(D=1)과 그렇지 않은 여성들(D=0) 두 집단의 '둘째를 갖지 않았을 경우의 잠재적 주당 근로시간', 즉 Y(0)을 비교해 보자. 앞에서의 논리를 적용하면, 둘째를 가진 여성들은 직장보다는 가정을 꾸리는 것에서 보람을 찾는 경향이 크므로 둘째를 갖지 않은 여성들에 비해 Y(0)값이 평균적으로 더 낮다고 볼 수 있다. 만약 둘째 출산 여부가 무작위로 선정되었다면 두 집단의 평균적인 잠재적 근로시간, 즉 둘째가 없을 때 일하는 시간에는 아무런 차이가 없을 것이다.

이러한 예상을 표 5에서도 확인해 볼 수 있다.

D값이 1인 여성들, 즉 둘째를 출산한 여성들의 잠재적 주당 근로시간 Y(0)의 평균을 계산해 보면 31을 얻는다.

반면 D값이 0인 여성들, 즉 둘째 아이를 출산하지 않은 여성들의 잠재적 근로시간 Y(0)의 평균은 44이다.

즉, 만약 둘째가 없는 상황이더라도 D=1인 여성들은 D=0인 여성들보다 직장에서 보내는 시간이 평균적으로 13시간 정도 적다는 것이다. 이 값이 바로

|표 5| **둘째를 출산한 여성들의 잠재적 주당 근로시간**

	둘째 출산 여부	실제 주당 근로시간	잠재적 주당 근로시간		개별 인과효과
	D	Y	Y(1)	Y(0)	Y(1)-Y(0)
여성 1	1	24	24	44	-20
여성 2	0	52	0	52	-52
여성 3	0	40	16	40	-24
여성 4	1	40	40	40	0
여성 5	1	16	16	24	-8
여성 6	0	44	32	44	-12
여성 7	0	40	0	40	-40
여성 8	1	12	12	16	-4
				평균=31	

'선택편향'이다.

> 선택편향=[D=1 여성들의 평균 Y(0)]
> -[D=0 여성들의 평균 Y(0)]

표 3과 표 4에서 관측 가능한 주당 근로시간의 평균값 차이를 구하였는데, 이는 표 2에서 구한 둘째를 가진 여성들의 평균 인과효과와 표 5와 표 6에서 계산한 선택편향의 합으로 나타난다.

> [D=1 여성들의 Y 평균]-[D=0 여성들의 평균 Y]
> -21

|표 6| **둘째를 출산하지 않은 여성들의 잠재적 주당 근로시간**

	둘째 출산 여부	실제 주당 근로시간	잠재적 주당 근로시간		개별 인과효과
	D	Y	Y(1)	Y(0)	Y(1)-Y(0)
여성 1	1	24	24	44	-20
여성 2	0	52	0	52	-52
여성 3	0	40	16	40	-24
여성 4	1	40	40	40	0
여성 5	1	16	16	24	-8
여성 6	0	44	32	44	-12
여성 7	0	40	0	40	-40
여성 8	1	12	12	16	-4
				평균=44	

=[D=1 여성들의 평균 인과효과]+[선택편향]
-8 -13

둘째를 가진 여성들이 실제로 일하는 시간은 주당 평균 23시간이며, 둘째를 가지지 않은 여성들은 주당 평균 44시간 일하므로, 우리가 관측하는 두 집단의 평균 근로시간 차이는 21시간이다. 하지만 이는 실제 둘째를 가진 여성들의 평균 인과효과인 8시간과 매우 큰 차이가 난다. 이렇게 차이가 나는 이유는 바로 선택편향 때문인데, 둘째 출산이 무작위로 결정된 것이 아니라 개인의 선택에 따른 결정이기 때문이다.

우리의 예시에서는 둘째를 가진 여성들이 그렇지 않은 여성들보다 '둘째가 없어서 육아 부담이 덜할 때도' 직장에서 시간을 덜 보내려고 하기 때문에 선택편향이 음의 값으로 나타났지만, 꼭 이런 것은 아니다. 출산을 장려하는 기업문화와 함께 출산휴가와 사내 복지제도가 잘 준비되어 있을 경우 그러한 기업에 다니는 여성들이 출산을 더 쉽게 선택할 수 있다. 여성이 커리어와 가정을 병행할 수 있는 환경이 조성될 경우 둘째를 출산한 여성들 중에서도 커리어에 중심을 두고 직장에서 많은 시간을 보내려고 하는 사람들이 많아질 수 있다(Hwang 2023). 이 경우 위에서 음의 값으로 나타났던 선택편향이 0에 가까워질 수도 있고, 혹은 양의 값을 가질 수도 있다.

선택편향이 문제라면 이를 직접 계산하여 제거하면 문제가 없겠지만 안타깝게도 우리는 둘째를 출산한 여성들이 만약 둘째를 출산하지 않았더라면 주당 근로시간이 얼마나 될지, 혹은 둘째를 출산하지 않은 여성들이 만약 둘째를 출산하였다면 주당 근로시간이 어떻게 될지 알려주는 잠재적 결과변수를 관측할 수 없다. 따라서 선택편향의 값을 작게 만들고 궁극적으로는 실험처럼 무작위로 선정된 효과를 얻기 위

선택편향은 고정된 값일까?

그렇지 않다. 선택편향은 연구자가 어떤 인과효과를 추정하고자 하는지에 따라 다르게 정의된다. 앞에서는 선택편향을 D=1인 여성들과 D=0인 여성들의 Y(0)의 평균값 차이로 계산하였지만, 이를 Y(1)의 평균값 차이로 계산할 수도 있다. 이 경우 D=0인 여성들의 평균 인과효과가 −32, 그리고 선택편향은 11시간으로 계산된다. 이는 둘째를 갖지 않은 여성들이 둘째를 가진 여성들에 비해, 만약 둘째를 가졌을 경우 주당 근로시간을 평균 11시간 더 줄인다는 뜻이다. 이는 어떻게 해석할 수 있을까? 우리의 예시에서 D=0인 여성들이 둘째를 갖지 않는 이유는, 둘째를 가질 경우 현재 근로시간을 크게 줄이는 여성들이므로 이를 원하지 않아서라고도 볼 수 있다.

해 '통제변수'를 사용할 수 있다.

통제변수를 통한 선택편향 제거

인과효과 측정을 위해 우리가 비교하고자 하는 두 집단, 즉 처치를 받은 집단과 그렇지 않은 집단이 무작위로 선정되지 않을 때 선택편향이 발생한다. 실험실에서는 어떻게 하면 무작위로 두 집단을 선정할 수 있을지에 초점을 맞추는 경우가 많은데, 사회과학 특히 경제학에서는 대학에 진학하거나 혹은 아이를 낳거나 하는 '개인의 선택'을 강제할 수 없기 때문에 본질적으로 무작위실험을 하기가 어렵다. 따라서 많은 경제학 연구에서의 주요 관심사는 어떻게 하면 분석에서 선택편향의 영향을 최소화할 수 있을까이다. 선택편향을 줄일 수 있는 방법 중 하나로서 널리 사용되는 방법이 바로 '통제변수'이다.

앞에서 살펴보았던 예시에서 학력과 직종에 따라 여성의 출산율이 다르다는 그래프를 보았다(그림 3~그림 4 참조). 만약 같은 학력과 같은 직업을 가진 여성들만 살펴보면 어떨까? 4년제 대학을 졸업하여 사무직에 종사하고 있는 여성들은 직장과 가정에 대한 태도도 비슷하지 않을까? 학력과 직종만으로 부족하다면, 배우자의 소득, 육아에 도움을 받을 수 있는 가족의 유무 역시 비슷한 여성들을 살펴본다면 직장과 가정에 대한 태도가 좀 더 비슷해지지 않을까? 이렇게 여성의 출산율에 영향을 미치는 변수인 학력, 직종, 배우자의 소득, 육아에 도움을 받을 수 있는 가족의 유무 등을 통제변수로 사용할 수 있다. 이를 통제변수라고 부르는 이유는 학력과 직종, 배우자의 소득 등이 같은 여성들은 직장과 가정에 대한 태도가 비슷한 여성들이라고 볼 수 있으므로, 출산에 영향을 미치지만 우리가 관측하지 못하는 요소들까지 비슷해진다고 볼 수 있다. 즉, 이러한 변수들이 비슷한 값을 가지도록 '통제'

한 상황에서는 둘째 출산 여부가 마치 무작위로 선정된 것과 마찬가지라는 것이다. 따라서 통제변수가 같은 여성들 중 둘째를 출산한 여성들과 그렇지 않은 여성들의 주당 근로시간을 비교함으로써 선택편향의 영향을 최소화할 수 있고, 결과적으로 둘째를 출산한 여성들의 평균 인과효과를 얻을 수 있다.

다음 표 7을 살펴보자. 여성 1, 3, 4, 6은 '대졸 사무직' 여성들이라고 하자. 이들 중 둘째 아이를 출산한 여성 1, 4와 그렇지 않은 여성 3, 6을 비교해 보겠다.

네 명의 여성들 중 우선 둘째 아이를 출산한 여성들, 즉 D=1인 여성들의 평균 인과효과는 -10으로, 주당 평균 10시간 덜 일하는 것이다. 실제로는 개별 인과효과를 관측하지 못하기 때문에 이 평균 인과효과는 우리가 알지 못하지만 데이터를 통해 최대한 비슷한 값을 얻어 보도록 하자. 우리가 관측할 수 있는 실제 주당 근로시간으로 계산해 보면, 우선 D=1인 여성들, 둘째를 낳은 여성들의 실제 주당 근로시간의 평균은 32시간이고, D=0인 여성들, 즉 둘째를 낳지 않은 여성들의 실제 주당 근로시간의 평균은 42시간이어서 그 차이는 -10시간이 된다.

|표 7| **통제변수를 통한 평균 인과효과 측정**

	둘째 출산 여부	실제 주당 근로시간	잠재적 주당 근로시간		개별 인과효과
	D	Y	Y(1)	Y(0)	Y(1)-Y(0)
여성 1	1	24	24	44	-20
여성 2	0	52	0	52	-52
여성 3	0	40	16	40	-24
여성 4	1	40	40	40	0
여성 5	1	16	16	24	-8
여성 6	0	44	32	44	-12
여성 7	0	40	0	40	-40
여성 8	1	12	12	16	-4

[D=1 여성들의 Y 평균]-[D=0 여성들의 Y 평균]
-10

=[D=1 여성들의 평균 인과효과]+[선택편향]
-10 0

D=1인 여성들, 즉 둘째를 낳은 여성들과 D=0인 여성들, 즉 둘째를 낳지 않은 여성들의 평균 주당 근로시간의 차이는 10시간이고, 이는 평균 인과효과인 10시간과 동일하다. 학력과 직종이 비슷한 여성들을 살펴봄으로써 우리가 관측하지 못하는 Y(0)변수 역시 통제할 수 있고, 이를 통해 선택편향을 제거할 수 있

는 것이다.

앞의 식 우변에서 'D=1 여성들의 평균 인과효과'를 연구자가 알고 싶은 값으로 설정하고 선택편향을 계산하였는데, 대신 'D=0 여성들의 평균 인과효과'를 연구자가 알고 싶은 값으로 설정할 수도 있다. 이 경우에 D=0인 여성들의 평균 인과효과는 −18, 즉 둘째를 가질 경우 18시간 덜 일하는 것이다. 따라서 이 경우에는 선택편향이 8시간으로 나타난다.

[D=1 여성들의 Y 평균]−[D=0 여성들의 Y 평균]
−10

=[D=0 여성들의 평균 인과효과]+[선택편향]
−18 8

이 선택편향은 D=1인 여성들과 D=0인 여성들의 Y(1)값 평균이 다르기 때문에 나타난다. 이 예시에서는 여전히 선택편향이 존재하지만 학력과 직종을 통제변수로 사용하기 전과 비교해서는 크기가 줄어든 것을 확인할 수 있다.

여기서의 핵심은 비슷한 학력과 직업을 가진 사람들을 살펴봄으로써, Y(1)과 Y(0), 즉 우리가 관측하지 못하는 잠재적 주당 근로시간이 비슷한 사람들을 대상으로 분석을 할 수 있게 되고, 이를 통해 선택편향을 최소화할 수 있다는 것이다.

정리하자면, 통제변수를 사용하는 것은 우리가 관측 가능한 변수들을 사용해 최대한 비슷한 소집단들로 나눈 후 각 집단에 대해서 인과효과를 추정하는 것이라 이해할 수 있다. 실제 데이터를 분석할 때는 어떤 통제변수를 사용해야 '비슷한 집단'을 만들어 낼 수 있는지 정확히 알 수 없으므로, 전체 데이터를 D=1인 사람들과 D=0인 사람들의 Y(1), Y(0)의 평균값이 같은 소집단들로 정확히 나누는 것은 불가능하다. 따라서 연구자들은 결과값에 영향을 미칠 수 있는 여러 변수들을 가급적 많이 통제함으로써 선택편향의 영향을 줄이려고 한다. 예를 들어, 학력과 직종만 통제하는 것이 아니라, 소득, 자산, 육아 도움을 받을 수 있는 가족의 유무 등을 추가적으로 통제함으로써 더욱 더 비슷한 소집단들을 생성해 낼 수 있는 것이다.

최근 빅데이터•가 널리 활용되면서 몇몇 데이터의 경우 연구자가 사용할 수 있는 통제변수의 수가 기하급수적으로 늘어났다. 통제변수의 수가 매우 많을 경우 어떤 통제변수가 소집단을 구분하는 데 유용

빅데이터: 문자 그대로는 대량의 데이터를 뜻하는데, 대량의 관측치, 대량의 변수, 텍스트/이미지/비디오/오디오 등 다양한 형태, 그리고 실시간으로 생성 및 전송될 수 있는 등의 특징을 가진다.

한지 아는 것이 중요한데, 이를 위해 머신러닝(machine learning) 방법이 사용되기도 한다. 머신러닝 방법은 수많은 변수들이 있을 때 결과값 예측에 도움이 되는 변수들을 골라내는 데 유용하게 쓰일 수 있다. 처치를 받았는지 여부(우리의 예시에서는 둘째 출산 여부)를 예측하는 데 도움이 될 만한 여러 변수들을 머신러닝 방법으로 선정한 다음 분석을 진행한다면, 연구자가 임의로 통제변수를 선정하는 것보다 훨씬 더 효율적으로 선택편향을 줄이고 보다 정확히 평균 인과효과를 얻을 수 있다는 최근 연구가 있다(Chernozhukov, Chetverikov, Demirer, Duflo, Hansen, Newey, and Robins 2018).

머신러닝: 인공지능(artificial intelligence)의 한 분야로, 컴퓨터 프로그램이 방대한 양의 데이터로부터 패턴을 학습하고 이를 통해 새로운 데이터가 주어졌을 때 기존의 학습 데이터에 기반한 예측을 할 수 있도록 하는 기술과 방법론을 뜻한다.

지금까지 잠재적 결과에 영향을 줄 수 있는 여러 통제변수들이 비슷한 사람들을 살펴봄으로써 선택편향을 줄일 수 있는 방법에 대해 알아보았다. 하지만 위의 예시에서도 보았듯이 통제변수를 추가하더라도 선택편향을 완전히 없앨 수는 없다. 아무리 많은 통제변수를 가지고 있더라도 잠재적 결과변수에 영향을 주는 어떤 변수는 관측되지 않기 때문이다. 예를 들어, 어떤 사람의 성격, 인내심, 삶에 대한 태도 등은 학력이나 직종이 비슷하다고 해도 매우 다를 수 있다. 이를 해결하기 위해 우리가 사용할 수 있는 것이 바로 도구변수이다. 다음 장에서는 도구변수에 대해 알아보겠다.

3

도구변수

도구변수란?

도구변수의 조건

잠재적 선택에 따른 네 가지 유형

도구변수란?

도구변수(instrumental variables)는 계량경제학의 핵심 주제 중의 하나이다. 도구변수의 역사는 아주 오래 되었는데, '도구변수'라는 이름은 필립 라이트(Phillip G. Wright)가 1928년에 출판한 책인 『동물성 및 식물성 기름에 대한 관세』에서 처음으로 발견된다. 그 책에서 다룬 내용 중에는 경제학의 오래된 문제인 수요와 공급곡선•을 알아내는 것이 있었다. 경제학 원론 수준의 교과서를 읽은 독자라면 가격과 거래량 평면에서 수요곡선은 우하향(가격이 올라갈수록 수요는 줄어든다), 그리고 공급곡선은 우상향(가격이 올라갈수록 공급은 늘어난다)한다는 것을 기억하고 있을 것이다. 우리가 실제 데이터를 통해 이러한 수요와 공급곡선을 식별하고자 하면 어려운 문제에 직면하게 되는데, 이는 바로 우리가 관측하는 균형가격과 균형거래량은 수요와 공급곡선이 서로 교차하는 점들이지 수요 혹은 공급곡선 중 하나가 아니기 때문이다. 이러한 문제를 동시성(simultaneity)의 문제라 한다. 동시성의 문제를 해결하기 위해서 수요에만 영향을 주고 공급에는 영향을 주지 않는 또 다른 변수를 찾을 수 있다면 해당 변수

수요와 공급곡선: 상품이나 서비스에 대한 수요와 공급을 가격과 수량의 관계로 나타낸 것을 뜻한다.

값의 변화에 따른 균형가격과 균형거래량을 사용해서 공급곡선의 기울기를 식별할 수 있다. 즉, 공급(혹은 수요)곡선의 기울기를 식별하기 위한 '도구'로서 사용되는 외생적인 변수이므로 '도구변수'라는 이름을 갖게 된 것이다.

이러한 동시성은 내생성(endogeneity)의 문제 중 하나이다. 도구변수는 일반적으로 내생성 문제를 해결하는 데 사용될 수 있다. 내생성이란 우리가 관측하지 못하는 숨은 변수 U가 관측 가능한 설명변수인 D와 결과변수인 Y에 동시에 영향을 주는 경우를 말하는데, 그림 5와 같이 나타낼 수 있다.

즉, D변수가 Y변수에 미치는 영향을 알고자 할 때, U변수가 D변수와 Y변수에 동시에 영향을 주므로 단순히 D변수의 변화에 따른 Y변수의 변화를 측정하면 D가 Y에 미치는 영향이 왜곡되어 나타날 수 있다. 예를 들어, D를 '전기사용량', Y를 '물놀이 사고 건수', U를 '기온'이라고 하면, 여름철 기온이 높을수록 전기사용량도 늘어나고, 물놀이 사고 건수도 늘어난다. 이러한 기온의 영향을 고려하지 않고, 단순히 전기사용량과 물놀이 사고 건수만을 본다면 '전기사용량이 늘수록 물놀이 사고가 많이 일어난다'처럼 잘못된 분

|그림 5| **내생성**

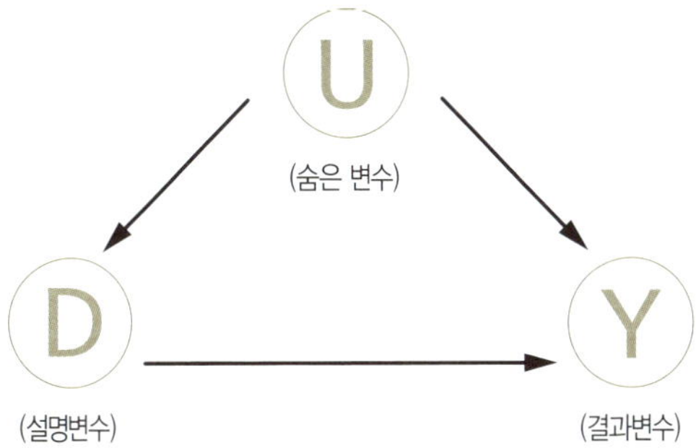

석을 할 수 있다.

경제학에서도 이러한 내생성 문제가 자주 발생한다. D변수의 값이 개인의 선택으로 인해 결정되고(예: 교육수준, 결혼 유무, 자녀의 수, 직업선택 등), Y변수는 D변수의 영향을 받아 결정되는데(예: 연봉, 건강 등), Y와 D에 동시에 영향을 주는 변수 U(예: 지능, 부모의 소득/직업 등)가 관측 가능하지 않거나 하는 이유로 분석에 포함되지 않으면 D가 Y에 미치는 영향을 정확히 알기 어렵다. 선택편향 역시 이러한 내생성 문제에 해당되며, 이 경우 D를 내생변수(endogenous variable)라고 말한다.

앞에서 말한 것처럼, 도구변수는 선택편향이나 내생성을 제거하기 위해 사용되는 변수로서 D변수와는 관련이 있지만, Y변수와는 관련이 없는 변수이다. 즉, U변수와는 달리 도구변수는 D변수에만 영향을 준다. 도구변수는 주로 자연적으로 우연히 일어나는 현상이나 결과값에 영향을 줄 목적이 아닌 다른 의도로 만들어진 사회적 규칙이나 관습 등으로부터 얻을 수 있다.

몇 가지 예를 살펴보자.

학교 교육이 임금에 얼마나 영향을 주는지는 경제학의 중요한 문제 중 하나이다. 여러 경제학자들이 이 문제를 풀기 위해서 노력하였는데, 이는 사실 풀기 쉽지 않은 문제이다. 왜냐하면 대학 진학 여부는 개인의 선택으로 결정되기 때문에 능력이 뛰어나서 좋은 대학을 가고 그 이후 직장에서 높은 연봉을 받는지, 아니면 능력은 평범하지만 운 좋게 좋은 대학에서 교육을 잘 받았기 때문에 높은 연봉을 받는지 구분하기 어렵기 때문이다.

따라서 대학 진학 여부에 영향을 주되, 연봉 등의 결과변수에는 영향을 주지 않는 변수를 도구변수로 사용하여 대학 교육의 효과를 측정할 수 있다. 2021년 노벨 경제학상 수상자 중 한 명인 버클리 대학교의 데이비드 카드 교수의 1995년 논문에서는 대학 교육의 효과를 측정하기 위해 도구변수로 '자란 곳 근처에 대학교가 있었는지 여부'를 사용하였다(Card 1995). 근처에 대학교가 있다면 대학 진학의 비용이 줄어들게 되므로 대학교에 진학할 가능성이 더 커진다는 점에 착안한 것이다.

도구변수=자란 곳 근처에 대학교가 있는지 여부
선택변수=대학 진학
결과변수=연봉

즉, 데이터를 통해 대학교 근처에서 자란 사람들이 그렇지 않은 사람들보다 대학에 갈 확률이 실제로 조금 더 높다는 것을 확인하고, 대학교 근처에서 자랐다는 것과 그 사람의 연봉은 인과관계가 없다는 가정을 바탕으로 '학창시절 살던 동네에 대학교가 있었는지 여부'를 도구변수로 사용해서 교육을 1년 더 받는 것이 연봉을 10% 이상 상승시킨다는 결과를 얻었다. 다시 말해, 도구변수를 사용해서 대학에 진학하는 사람들과 그렇지 않은 사람들 집단이 무작위로 선정되지 않아 발생하는 선택편향의 문제를 해결한 것이다.

교육에 관한 도구변수의 또다른 예시도 있다. 고등학교를 마치는 것이 연봉에 얼마나 영향을 주는지를 알아보기 위해 MIT의 조슈아 앵그리스트 교수와 프린스턴 대학교의 앨런 크루거 교수가 함께 쓴 1991년 논문에서는 학생들의 생일을 도구변수로 사용하였다(Angrist and Krueger 1991). 미국의 경우 법적으로 만 16세 혹은 만 17세가 되어야 고등학교 자퇴를 할 수 있는데, 같은 학급에 있는 학생들 중에서 생일이 빠른 학생이 고등학교를 자퇴할 확률이 더 높다는 것을 이용한 것이다. 즉, 동급생에 비해 생일이 늦은 학생들은 자퇴를 할 수 없기 때문에 고등학교를 마칠 확률이 더 높아지고, 결과적으로 노동시장에서 이러한 학생들의 연봉이 생일이 빠른 학생들에 비해 더 높다는 것을 데이터로부터 확인한 것이다.

도구변수=몇 분기에 생일이 있는지(1, 2, 3, 4분기)
선택변수=학력
결과변수=연봉

도구변수는 자녀의 수와 여성의 노동공급 문제를 연구하는 데 사용되기도 하였다. 조슈아 앵그리스트 교수와 노트르담 대학교의 윌리엄 에반스 교수가 함께 쓴 1998년 논문에서는 자녀가 두 명에서 세 명으로 늘어날 때 여성의 노동시장 참여율이 얼마나 바뀌는지를 살펴보았다(Angrist and Evans 1998). 앞에서 여러 번 언급하였듯이, 자녀의 수는 누가 정해 주는 것이 아니라 개인이 선택하는 것이므로 선택편향의 문제가 있으며, 따라서 자녀의 수는 내생변수라 할 수 있다. 내생성을 해결하기 위해 앵그리스트와 에반스가 사용한 도구변수는 첫째와 둘째 자녀의 성별이 같은지 여부이다. 이게 왜 도구변수가 되는지 의문이 들 수도 있을 텐데, 1970년대와 1980년대 미국에서는 서로 다른 성별의 자녀를 가지는 것에 대한 강한 선호가 있었다고 한다. 다시 말해, 이상적인 자녀의 구성은 아들-딸 혹은 딸-아들이었던 것이다. 따라서 첫째와 둘째가 같은 성별이라면 다른 성별의 자녀를 갖기 위해서 세 번째 자녀를 낳는 경우가 많다는 것을 30만~40만 명가량의 미국 여성을 대상으로 얻은 자료에서 확인하고, 자녀의 성별은 선택의 문제가 아니라 우연에 의해서 정해진다는 가정하에서 첫째와 둘째의 성별이 같은지 여부를 도구변수로 사용한 것이다.

도구변수=첫째와 둘째 자녀의 성별이 같은지 여부
선택변수=셋째를 가질 것인지 여부
결과변수=주당 근로시간

따라서 도구변수의 값에 따라 여성들을 두 집단으로 나누면 각 집단 안에서 셋째를 가지는 선택은 마치 무작위 선정과 비슷하게 이루어지므로 선택편향을 제거할 수 있다. 이를 통해 여성들이 셋째 자녀를 가질 때 덜 일하게 되는 정도가 기존 연구에서 주장되었던 것보다 훨씬 작다는 발견을 하였다. 비슷한 도구변수를 사용한 한국의 연구도 있는데, 박철성·손유영(2023)은 자녀의 성별 구성을 도구변수로 사용하여 2010년까지 추가 출산이 어머니의 취업 확률에 미치는 영향을 분석하였다.

지금까지 도구변수를 사용해서 선택편향을 제거한 두 가지 예시에 대해 알아보았다. 이제 어떤 변수를 도구변수로 사용할 수 있는지 그 조건에 대해서 보다 구체적으로 알아보도록 하겠다.

도구변수의 조건

도구변수를 사용해서 선택편향을 제거하고 인과 효과를 얻으려면 몇 가지 조건을 만족해야 한다. 어떤 변수를 도구변수로 사용할 수 있을까? 결론부터 말하자면, '선택에는 영향을 주지만 결과에는 직접적 영향을 주지 않는 변수'를 도구변수로 사용할 수 있다.

이를 좀 더 자세히 설명하기 위해 도구변수를 Z로 나타내고, 이 변수는 0과 1 두 가지 값만 가질 수 있다고 가정해 보자. 실제 분석 시에 도구변수는 여러 값을 가질 수 있어도 괜찮지만, 논의의 편의를 위해 Z는 두 값만 가지는 변수(이항변수)라고 가정하자.

첫 번째 조건은 '도구변수 Z는 잠재적 결과에 직접적인 영향을 주지 않아야 한다'는 것이다. 즉, 잠재적 결과는 선택변수 D에 의해서만 결정되고 도구변수는 배제되어야 한다는 의미에서 이 조건을 배제성이라 부르자.

조건 1 (배제성): $Z \not\rightarrow Y(1), Y(0)$

앞에서 들었던 도구변수의 예시들을 통해 이 배제

성 조건을 설명하자면, 집이 대학교 근처에 있다는 것은 그 사람의 잠재적 연봉에 직접적인 영향을 주지 않는다는 것이다. 또한 첫째와 둘째 자녀의 성별이 같다는 사실이 그 여성의 잠재적 주당 근로시간에 직접 영향을 주지 않는다는 것이다. 사람들의 지능이나 성향 등이 잠재적 결과변수에 영향을 줄 경우 발생하는 선택편향을 제거하기 위한 수단으로 도구변수가 사용되므로, 도구변수 자체가 잠재적 결과변수에 직접적 영향을 주지 말아야 한다는 것은 어찌 보면 당연한 조건이라 할 수 있다.

두 번째 조건을 말하기에 앞서서 잠재적 결과와 비슷한 잠재적 선택변수를 정의하고자 한다. 잠재적 결과와 마찬가지로, 잠재적 선택이란 도구변수 Z의 값 0과 1 각각의 상황에서의 선택이다. 이를 D(0)과 D(1)로 쓸 수 있는데, D(0)은 만약 도구변수가 0이라면 하게 될 선택이고, D(1)은 도구변수가 1이라면 하게 될 선택이다. 우리는 D(1)과 D(0) 중 하나만을 관측할 수 있으며, D(1)과 D(0) 중 어떤 값을 관측하게 되는지는 Z값이 1인지 0인지에 따라 바뀌게 된다.

실제 결과와 잠재적 결과의 관계처럼, 실제 선택과 잠재적 선택도 마찬가지로 하나의 항등식으로 나타낼 수 있다. 즉, Z값이 1일 때 실제 선택 D는 잠재적 선택 D(1)과 같고, Z값이 0일 때 실제 선택 D는 잠재적 선택 D(0)과 같아지게 된다.

$$D=D(0)+(D(1)-D(0))\times Z$$

만약 Z=1이면 $D=D(0)+D(1)-D(0)=D(1)$

만약 Z=0이면 $D=D(0)+(D(1)-D(0))\times 0=D(0)$

도구변수의 두 번째 조건은 도구변수 Z가 잠재적 결과 Y(0), Y(1), 그리고 잠재적 선택 D(0), D(1)과 서로 독립적으로 결정된다는 독립성이다.

조건 2 (독립성): Z는 (Y(1), Y(0), D(1), D(0))과 독립적으로 결정된다.

이 조건은 도구변수의 값이 마치 무작위 선정처럼 사람들에게 주어진다는 것이다. 카드 교수의 논문에서는 사람들의 잠재적 연봉은 그 사람이 대학교 근처에서 자랐는지 여부에 상관없이 독립적으로 결정된다는 것이며, 앵그리스트 교수와 에반스 교수의 논문에서는 여성의 잠재적 근로시간은 그 여성의 첫째와 둘째가 같은 성별인지 여부와 독립적으로 결정된다는 것이다. 다만 헷갈리지 않아야 하는 것은 도구변수 Z와 잠재적 결과변수 Y(1), Y(0)은 독립적으로 결정되지만, 실제 결과변수 Y와는 독립이 아니라는 것이다. 이는 실제 결과변수 Y는 D값에 영향을 받고 D는 Z에 영향을 받기 때문이다. 또한 도구변수의 값은 잠재적 선택변수 D(1), D(0)과도 독립적으로 결정되는데, 이는 다음 절에서 다룰 잠재적 선택에 따른 사람들의 여러 유형의 비율이 도구변수의 값에 따라 달라지지 않는다는 것을 의미한다.

배제성과 독립성 외에 마지막으로 필요한 조건은 관련성이다.

조건 3 (관련성): 선택변수 D와 도구변수 Z는 서로 관련이 있다.

도구변수가 선택변수와 관련이 없다면, 이는 도구변수가 사람들의 선택에 영향을 주지 못한다는 것이므로 도구변수로 사용할 수 없을 것이다.

어떤 변수가 이 세 가지 조건, 즉 배제성, 독립성, 그리고 관련성을 만족한다면 이제 우리는 이 변수를 도구변수로 사용하여 선택편향을 제거하고 인과효과를 추정할 준비가 되었다.

다시 우리의 맨 처음 예시인 둘째를 낳을지 말지 고민하고 있는 여성의 경우로 돌아가 보자. 둘째 출산 여부는 개인의 선택에 의해 좌우되므로 선택편향이 존재한다. 이를 제거하기 위해 도구변수를 사용할 수 있는데, 주당 근로시간(결과변수)에는 직접적 영향을 주지 않으면서, 둘째 출산 여부(선택변수)에는 영향을 주는 변수를 도구변수로 사용할 수 있다. 도구변수의 조건들을 만족할 수 있도록 우연적으로 결정되거나 혹은 통제변수를 사용해서 만들어진 소집단 내에서 무작위와 비슷하게 결정된 변수를 사용하는 것이 좋다. 어떤 변수가 적당할지 독자들 스스로 여러 가지 좋은 아이디어를 떠올려 보기 바란다.

이 글을 쓰면서 머릿속에 떠오른 아이디어가 있는데, 이러한 변수는 어떨까? 여성의 친구 중 아이가 둘 이상 있는 친구가 있는지 여부를 알 수 있다면 이를 도구변수로 사용하는 것이다. 일반적으로 비슷한 성향, 학력, 직종의 사람들끼리 친구가 되는 경우가 많으므로 '친구' 도구변수는 독립성 조건을 위배할 가능성이 높을 것이다. 하지만 도구변수와 함께 학력과

도구변수의 적절성?

본고의 초안을 읽은 서울대학교 자유전공학부 황지수 교수는 '친구'는 사람들의 선택으로 결정되므로 이를 도구변수로 사용하는 아이디어에 대해 우려를 표하였다. 앞에서 조건부 독립성이 성립할 수 있다고 주장하였지만, 이러한 우려에 대해 충분히 동의하는 바이며 이를 실제 연구에 사용하기에는 많은 어려움이 따를 것이라고 생각된다. 실제로 도구변수를 사용하는 논문들의 경우 도구변수의 적절성에 대해 논의의 상당 부분을 할애하는 경우가 많다. 완벽한 도구변수가 존재하지 않는다고 본다면, 연구자가 도구변수의 적절성에 대해 얼마나 설득력 있게 논증할 수 있는지, 최소한으로 가정해야 하는 부분이 얼마나 합리적인지 등에 따라 도구변수를 통한 인과추론의 유용성이 결정된다. '친구'를 도구변수로 사용하였을 때의 적절성에 대해 독자들이 깊이 생각해 볼 수 있다면 이 책은 소기의 목적을 달성하였다고 볼 수 있다.

조건부 독립성: 통제변수의 값이 같은 집단 안에서 독립성이 성립한다는 뜻이다.

직종 등의 여러 통제변수를 사용하는 경우라면 조건부 독립성•은 성립할 것이라 가정할 수 있다. 즉, 같은 학력을 가지고 같은 직종에 종사하는 여성들을 살펴본다면 이 여성들은 근로시간이나 둘째 출산에 대해 비교적 비슷한 성향을 가진 여성들이라 할 수 있고, 이 경우 아이가 둘 이상 있는 친구가 있는지 여부는 무작위로 주어진다고 가정해 볼 수 있을 것이다.

관련성의 경우 친구에게서 아이 둘을 기르는 것에 대한 여러 정보도 얻을 수 있고, 실제 아이가 둘 있을 때 직장과 가정을 어떻게 꾸려 나갈 수 있을지 미리 살펴볼 수도 있기 때문에 둘째를 낳는 선택에는 영향을 줄 것이므로 관련성 조건을 만족할 것이다.

배제성의 경우 친구의 자녀가 둘 이상이라는 것이 여성의 잠재적 근로시간에는 직접적인 영향을 미치지 못하기 때문에 이 또한 만족한다.

도구변수를 찾았다면 잠재적 선택변수의 값에 따라 여성들을 네 가지 유형으로 나누어 볼 수 있다. 다음 절에서는 이들 각각의 유형에 대해 살펴보도록 하겠다.

잠재적 선택에 따른 네 가지 유형

D값이 1인 경우를 어떤 선택에 '참여'하는 것으로, D값이 0인 경우를 '불참'하는 것으로 부르자. D와 마찬가지로 잠재적 선택변수 D(0)과 D(1) 역시 각각 0과 1의 값을 가진다. 이를 말로 풀어서 설명하면, D(0)=0은 'Z=0이면 불참', D(0)=1은 'Z=0이면 참여', D(1)=0은 'Z=1이면 불참', 그리고 D(1)=1은 'Z=1이면 참여'이다. 모든 사람들은 도구변수 Z의 값이 0 혹은 1인 경우에 대해 어떻게 행동할 것인지 미리 정해져 있다고 하자. 그렇다면 잠재적 선택변수의 값에 따라 사람들

|표 8| **잠재적 선택변수의 값에 따른 네 가지 유형**

		D(1)	
		0	1
D(0)	0	항시불참자	순응자
	1	반항자	항시참여자

을 네 가지 유형으로 나눌 수 있는데, D(0)이 0 혹은 1, 그리고 D(1)이 0 혹은 1의 값을 가지는 경우가 각각 다른 유형에 해당하게 된다. 표 8에서 보는 것처럼 사람들은 D(0), D(1) 값에 따라 항시참여자, 항시불참자, 순응자, 그리고 반항자로 구분된다.

먼저 첫 번째 유형인 항시참여자에 대해 살펴보자. 이 유형은 D(0)과 D(1)이 모두 1인 사람들로 항시참여자(always-taker)라고 불린다. 왜냐하면 도구변수가 0이든 1이든 상관없이 D=1로 항상 참여하기 때문이다. 둘째 자녀 출산의 예시에서 항시참여자들은 도구변수, 즉 자녀가 둘 있는 친구가 있는지 여부에 상관없이 둘째를 낳는 여성들이다.

두 번째 유형은 D(0)과 D(1)이 모두 0인 사람들로 항시불참자(never-taker)라고 불린다. 항시참여자와 반대로 도구변수가 0이든 1이든 상관없이 D=0으로 항상 불참하기 때문이다. 둘째 자녀 출산의 예시에서

|그림 6| **항시참여자의 잠재적 선택**

|그림 7| **항시불참자의 잠재적 선택**

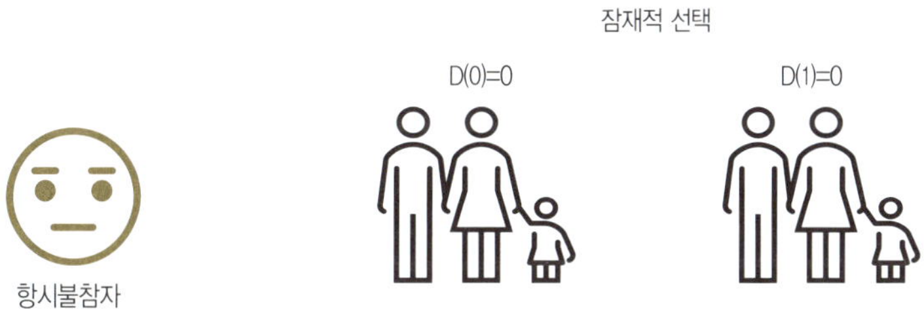

항시불참자들은 도구변수, 즉 자녀가 둘 있는 친구가 있는지 여부에 상관없이 둘째를 낳지 않는 여성들이다.

여기서 우리가 알 수 있는 것은 항시참여자들과

항시불참자들은 도구변수에 반응하지 않는 사람들이라는 것이다. 도구변수 방법의 아이디어는 외생적[•]으로 주어지는 도구변수 값의 변화에 따라 사람들의 행동이 외생적으로 바뀌게 되고, 이를 통해 내생성을 제거한 인과효과를 추정하고자 하는 것이므로, 도구변수에 반응하지 않는 사람들에 대해서는 인과효과를 측정하기 어렵다.

외생적: 외부에서 비롯되었거나 주어진 것을 뜻한다.

하지만 도구변수에 반응하는 사람들도 있는데, 바로 다음 유형이 그런 사람들이다.

세 번째 유형은 D(0)은 0, D(1)은 1인 사람들로 순응자(complier)라고 불린다. 이 사람들은 도구변수가 0일 때는 참여하지 않지만 도구변수가 1이면 참여하는 사람들이다. 도구변수 값에 따라 선택을 바꾸는 사람들이므로 순응자라고 부른다. 둘째 자녀 출산의 예시에서는 자녀가 둘 있는 친구가 있으면 둘째를 낳고, 그런 친구가 없으면 둘째를 낳지 않는 여성들이다.

마지막 유형은 D(0)은 1, D(1)은 0인 사람들로 반항자(defier)라고 불린다. 이 사람들은 마치 청개구리처럼 도구변수가 0일 때는 참여하고, 도구변수가 1이면 참여하지 않는 사람들이다. 순응자와 정반대로 행동하는 유형의 사람들이기 때문에 반항자라고 부른

|그림 8| **순응자의 잠재적 선택**

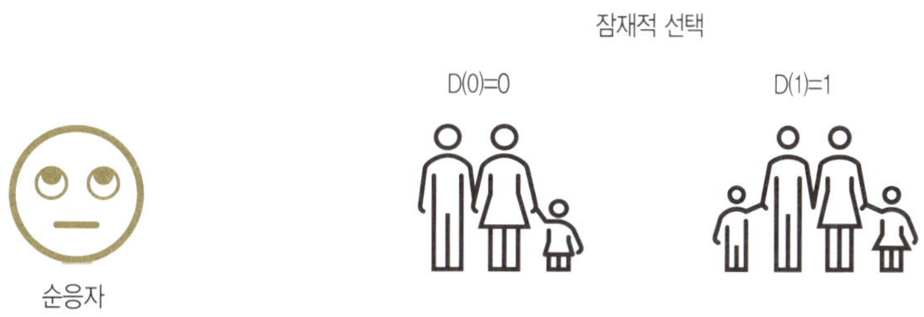

|그림 9| **반항자의 잠재적 선택**

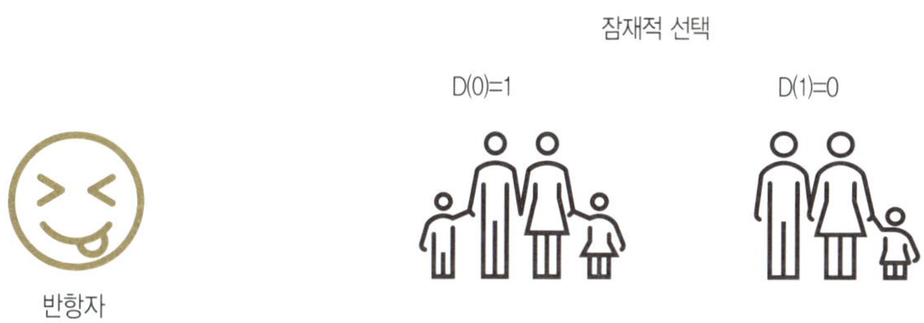

다. 둘째 자녀 출산의 예시에서는 친한 친구의 자녀가 두 명 이상 있으면 '역시 아이를 둘 낳는 것은 아닌 것 같아'라고 생각하고 둘째를 낳지 않고, 반대로 자녀가 두 명 있는 친구들이 아무도 없으면 '내 친구들은

아무도 둘째를 안 낳으니 나는 둘째를 가져야지'라며 둘째를 낳는 여성들이다.

순응자들과 반항자들은 도구변수에 반응하는 사람들이다. 외생적으로 주어진 도구변수 값에 따라 행동을 바꾸게 되므로 내생성을 제거한 평균 인과효과를 얻을 수 있는데, 여기에는 문제가 있다. 반항자들은 순응자들과 반대로 행동하는 사람들이므로 평균 인과효과를 구할 때 실제로는 같은 평균 인과효과를 가지고 있다고 하더라도 그 부호가 반대로 나타나게 된다. 따라서 순응자와 반항자 모두 둘째 자녀 출산 시 주당 근로시간이 줄어드는 인과효과를 가지고 있더라도 평균 인과효과를 구하면 둘째를 출산해도 주당 근로시간이 거의 줄어들지 않거나 오히려 증가한다고 나올 수 있다. 즉, 반항자의 존재로 인해서 평균 인과효과의 '평균'이 제대로 구해지지 않게 되는 것이다.

따라서 도구변수를 사용해서 정확한 평균 인과효과를 얻기 위해서는 반항자들이 없어야 한다. 누가 반항자인지는 실제로 관측 가능하지 않으므로, 이는 평균 인과효과를 얻기 위해서 연구자가 가정해야 하는 조건이며 개별 연구사례에 대해서 이러한 조건이 만족될 수 있다는 것을 합리적으로 설명할 수 있어야 한다.

예를 들어, 앞 장에서 언급한 '학생들의 생일을 도구변수로 사용하는 경우'를 살펴보자. 생일이 1분기에 있으면 Z=0, 그렇지 않은 경우를 Z=1이라 하고, 고등학교를 자퇴한 경우를 D=0, 졸업한 경우를 D=1이라고 하자. 이 경우 반항자들이 어떤 사람들인지 생각해 보면, 생일이 늦으면 자퇴를 하고 생일이 1분기이면 졸업을 하는 학생들이다(D(0)=1, D(1)=0). 하지만 생일이 늦으면 법적으로 자퇴를 할 나이가 되지 못하므로 D(1)=0은 가능하지 않다. 따라서 이러한 도구변수의 경우 반항자가 없다고 할 수 있다.

반항자가 없다는 이 조건은 monotonicity라고 불리는데, 이 조건의 실질적 의미를 고려할 때 동질성으로 해석하는 것이 좋다고 생각된다.

조건 4 (동질성): 반항자는 없다.

앞 절에서 설명한 도구변수의 세 가지 조건, 배제성, 독립성, 관련성과 함께, 마지막으로 동질성 조건도 만족한다면 이제 도구변수를 사용하여 평균 인과효과를 추정하기 위한 조건이 다 갖추어졌다.

다음 장에서는 도구변수를 사용하면 어떤 집단의 평균 인과효과를 얻게 되는지 알아보도록 하겠다.

4

도구변수를 통한 인과효과 식별

순응자의 비율

순응자들의 평균 인과효과

순응자의 비율

도구변수를 사용해서 평균 인과효과를 얻는 방법에 대해 알아보기 위해 둘째 출산을 고려하고 있는 여성들의 예시로 돌아가 보자.

우리가 관측하는 선택변수 D와 도구변수 Z 모두 0 또는 1의 값만 가진다. 따라서 D와 Z의 값에 따라 해당 여성이 어떠한 유형인지 살펴볼 수 있다.

먼저 표 9를 살펴보자. 여성 1은 D값이 1이므로 둘째를 출산한 여성이다. 그리고 만약 이 여성의 친구 중 자녀가 둘 이상 있는 친구가 있다고 하면 도구

|표 9| D=1, Z=1인 경우 해당 여성의 유형

	둘째 출산 여부	자녀 둘 이상 친구 유무	실제 주당 근로시간	잠재적 주당 근로시간		개별 인과효과	유형
	D	Z	Y	Y(1)	Y(0)	Y(1)-Y(0)	
여성 1	1	1	24	24	44	-20	항시참여자 혹은 순응자
여성 2	0		52	0	52	-52	
여성 3	0		40	16	40	-24	
여성 4	1		40	40	40	0	
여성 5	1		16	16	24	-8	
여성 6	0		44	32	44	-12	
여성 7	0		40	0	40	-40	
여성 8	1		12	12	16	-4	

|표 10| D=0, Z=1인 경우 해당 여성의 유형

	둘째 출산 여부	자녀 둘 이상 친구 유무	실제 주당 근로시간	잠재적 주당 근로시간		개별 인과효과	유형
	D	Z	Y	Y(1)	Y(0)	Y(1)-Y(0)	
여성 1	1	1	24	24	44	-20	항시참여자 혹은 순응자
여성 2	0	1	52	0	52	-52	항시불참자
여성 3	0		40	16	40	-24	
여성 4	1		40	40	40	0	
여성 5	1		16	16	24	-8	
여성 6	0		44	32	44	-12	
여성 7	0		40	0	40	-40	
여성 8	1		12	12	16	-4	

|표 11| D=0, Z=0인 경우 해당 여성의 유형

	둘째 출산 여부	자녀 둘 이상 친구 유무	실제 주당 근로시간	잠재적 주당 근로시간		개별 인과효과	유형
	D	Z	Y	Y(1)	Y(0)	Y(1)-Y(0)	
여성 1	1	1	24	24	44	-20	항시참여자 혹은 순응자
여성 2	0	1	52	0	52	-52	항시불참자
여성 3	0	0	40	16	40	-24	항시불참자 혹은 순응자
여성 4	1		40	40	40	0	
여성 5	1		16	16	24	-8	
여성 6	0		44	32	44	-12	
여성 7	0		40	0	40	-40	
여성 8	1		12	12	16	-4	

변수의 값이 1이 된다. 이 여성의 D와 Z값이 모두 1이므로 이 여성은 항시참여자 혹은 순응자이다. 우리가 이 여성이 정확히 어떤 유형인지 알기 위해서는 D(1)과 D(0) 값을 모두 알아야 하는데, 잠재적 선택은 동시에 관측하지 못하므로 정확한 유형을 알 수 없다. 다시 말해, Z=1이어서 D=1을 선택하였는지, 아니면 Z=0이어도 어차피 D=1을 선택할 여성이었는지 구분할 수 없다는 것이다.

다음으로 표 10에서 연한 밤색으로 표시된 여성 2의 D값은 0, 그리고 Z값은 1이므로 이 여성은 자녀가 둘 이상 있는 친한 친구가 있음에도 불구하고 둘째를 갖지 않았다. 따라서 여성 2는 항시불참자라고 할 수 있다. 이 경우에는 D(1)과 D(0)을 동시에 관측하지 못하지만 유형을 파악할 수 있다.

다음으로 표 11에서 여성 3을 살펴보자. 이 여성은 자녀가 둘 이상 있는 친한 친구도 없고, 본인도 둘째 자녀를 갖지 않았다. 따라서 우리는 이 여성이 항시불참자이어서 둘째를 가지지 않았는지, 혹은 도구변수가 1이 아니어서 둘째를 가지지 않았는지 확인할 수 없다. 따라서 여성 3은 항시불참자 혹은 순응자이다.

표 12에서 여성 4의 경우 도구변수의 값이 0임에도

|표 12| D=1, Z=0인 경우 해당 여성의 유형

	둘째 출산 여부	자녀 둘 이상 친구 유무	실제 주당 근로시간	잠재적 주당 근로시간		개별 인과효과	유형
	D	Z	Y	Y(1)	Y(0)	Y(1)-Y(0)	
여성 1	1	1	24	24	44	-20	항시참여자 혹은 순응자
여성 2	0	1	52	0	52	-52	항시불참자
여성 3	0	0	40	16	40	-24	항시불참자 혹은 순응자
여성 4	1	0	40	40	40	0	항시참여자
여성 5	1		16	16	24	-8	
여성 6	0		44	32	44	-12	
여성 7	0		40	0	40	-40	
여성 8	1		12	12	16	-4	

불구하고 둘째 자녀를 출산하였으므로 항시참여자라고 할 수 있다. 이 경우에는 여성 2와 마찬가지로, D(1)과 D(0)을 동시에 관측하지 못하지만 유형을 파악할 수 있다.

이 예시에서 알 수 있는 것은 순응자와는 달리 항시참여자와 항시불참자는 D와 Z의 값에 따라 데이터로부터 알아낼 수 있다는 것이다. 앞에서 언급한 독립성 조건에 따르면, 사람들의 유형은 도구변수의 값과는 독립적으로 결정된다. 이것이 의미하는 바는 Z=0일 때 사람들의 유형의 분포와 Z=1일 때 사람들의 유형의 분포는 동일하다는 것이다. 그렇다면 Z값이 0인

|그림 10| **항시참여자의 비율**

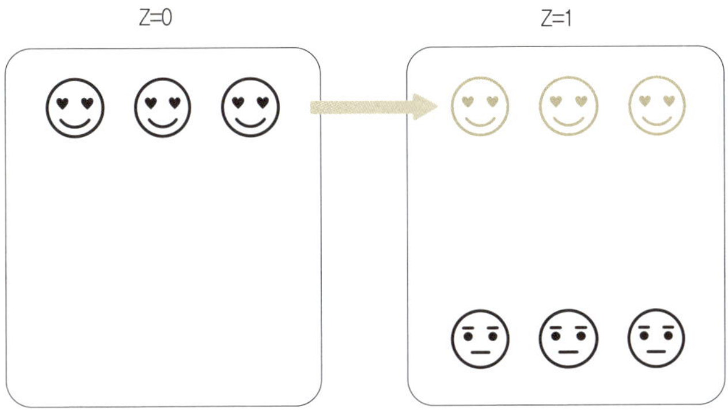

사람들 중에 확실히 항시참여자인 사람들의 비율을 알 수 있다면 Z값이 1인 경우에도 같은 비율의 항시참여자가 있을 것이라 생각할 수 있다.

그림 10에서는 이와 같은 상황을 보여 준다. 우선 Z=0인 사람들만 살펴보자. 이 중 D=1인 사람들은 확실히 항시참여자이고, D=0인 사람들은 순응자 혹은 항시불참자이다. 따라서 Z=0인 사람들 중 항시참여자의 비율을 계산할 수 있고, 도구변수의 독립성에 의해 Z=1인 사람들 중에도 같은 비율의 항시참여자가 있다.

그림 11에서는 Z=1인 사람들 중에서 D=0인 사람들이 확실히 항시불참자라는 사실을 이용하여 항시불참자의 비율을 구하고, 앞에서와 마찬가지로 도구

|그림 11| 항시불참자의 비율

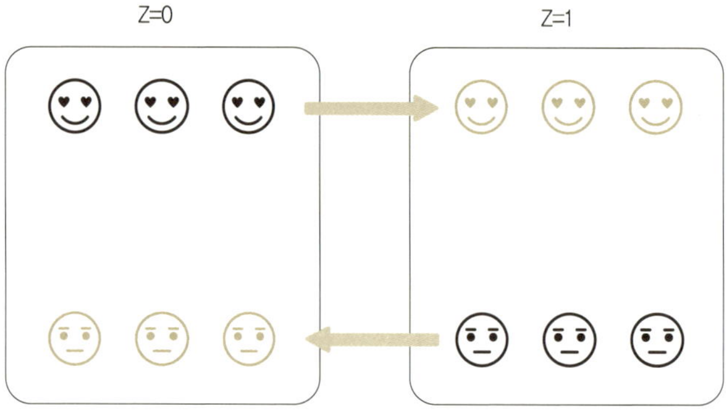

변수의 독립성에 의해 Z=0인 사람들 중에도 같은 비율의 항시불참자가 있다는 사실을 보여 준다.

이제 Z값이 1인 사람들 중 D값이 1인 사람들의 비율은 항시참여자와 순응자의 비율을 합친 값이므로 이 값에서 항시참여자의 비율을 빼 주면 순응자의 비율을 알게 된다. 혹은 전체 1에서 항시참여자와 항시불참자의 비율을 빼 주어도 마찬가지로 순응자의 비율을 알 수 있다. 이는 그림 12에 나타나 있다.

지금까지 우리가 알아낸 것은 관측 가능한 값인 D와 Z의 값을 사용해서 사람들의 유형에 대한 정보를 얻을 수 있다는 것이다. 우리의 예시에서 항시참여자의 비율은 자녀가 둘 이상 있는 친구가 없는(Z=0)

|그림 12| 순응자의 비율

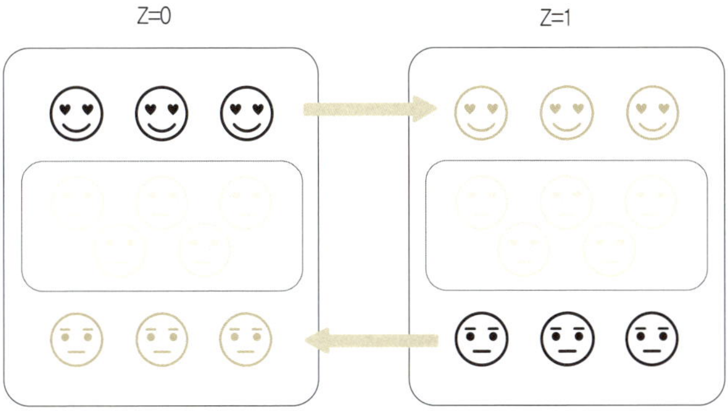

여성들 중 둘째를 출산한(D=1) 여성의 비율이라고 할 수 있다. 마찬가지로 항시불참자는 자녀가 둘 이상 있는 친구가 있는(Z=1) 여성들 중 둘째를 출산하지 않은(D=0) 여성의 비율이라고 할 수 있다.

집단 내 항시참여자의 비율
=[Z=0인 여성들 중 D=1인 여성들의 비율]
집단 내 항시불참자의 비율
=[Z=1인 여성들 중 D=0인 여성들의 비율]

표 13에서 직접 계산을 해 보자. 항시참여자의 비

|표 13| **항시참여자 식별을 통한 비율 계산**

	둘째 출산 여부	자녀 둘 이상 친구 유무	실제 주당 근로시간	잠재적 주당 근로시간		개별 인과효과	유형
	D	Z	Y	Y(1)	Y(0)	Y(1)-Y(0)	
여성 1	1	1	24	24	44	-20	항시참여자 혹은 순응자
여성 2	0	1	52	0	52	-52	항시불참자
여성 3	0	0	40	16	40	-24	항시불참자 혹은 순응자
여성 4	1	0	40	40	40	0	항시참여자
여성 5	1	1	16	16	24	-8	항시참여자 혹은 순응자
여성 6	0	0	44	32	44	-12	항시불참자 혹은 순응자
여성 7	0	0	40	0	40	-40	항시불참자 혹은 순응자
여성 8	1	0	12	12	16	-4	항시참여자

율을 구하기 위해 Z값이 0인 여성들 중 D값이 1인 여성들이 몇 명 있는지 살펴보면 5명 중 2명이라는 것을 알 수 있다. 즉, 항시참여자가 40%의 비율로 존재한다고 할 수 있다.

또한 항시불참자의 비율을 알기 위해 표 14에서 Z값이 1인 여성들 중 D값이 0인 여성의 비율을 구하면 1/3, 즉 항시불참자는 약 33%라는 값을 얻게 된다.

따라서 여성들 중 순응자의 비율은 1에서 항시참여자와 항시불참자의 비율을 뺀, 약 27% 정도가 된다는 것을 알 수 있다.

|표 14| **항시불참자 식별을 통한 비율 계산**

	둘째 출산 여부	자녀 둘 이상 친구 유무	실제 주당 근로시간	잠재적 주당 근로시간		개별 인과효과	유형
	D	Z	Y	Y(1)	Y(0)	Y(1)-Y(0)	
여성 1	1	1	24	24	44	-20	항시참여자 혹은 순응자
여성 2	0	1	52	0	52	-52	항시불참자
여성 3	0	0	40	16	40	-24	항시불참자 혹은 순응자
여성 4	1	0	40	40	40	0	항시참여자
여성 5	1	1	16	16	24	-8	항시참여자 혹은 순응자
여성 6	0	0	44	32	44	-12	항시불참자 혹은 순응자
여성 7	0	0	40	0	40	-40	항시불참자 혹은 순응자
여성 8	1	0	12	12	16	-4	항시참여자

순응자의 비율=1-항시참여자의 비율
0.27　　　　　　　　0.4

-항시불참자의 비율
0.33

지금까지의 계산에서 하나 강조하고 싶은 것은, 데이터로부터 순응자의 비율을 구하였지만 여전히 어떤 여성이 순응자인지는 알 수 없다는 것이다. 우리가 알 수 있는 것은 확실히 순응자가 아닌 (항시불참자 혹

|표 15| **반항자가 있을 경우 유형 식별의 어려움**

	둘째 출산 여부	자녀 둘 이상 친구 유무	실제 주당 근로시간	잠재적 주당 근로시간		개별 인과효과	유형
	D	Z	Y	Y(1)	Y(0)	Y(1)-Y(0)	
여성 1	1	1	24	24	44	-20	항시참여자 혹은 순응자
여성 2	0	1	52	0	52	-52	항시불참자 혹은 반항자
여성 3	0	0	40	16	40	-24	항시불참자 혹은 순응자
여성 4	1	0	40	40	40	0	항시참여자 혹은 반항자
여성 5	1	1	16	16	24	-8	항시참여자 혹은 순응자
여성 6	0	0	44	32	44	-12	항시불참자 혹은 순응자
여성 7	0	0	40	0	40	-40	항시불참자 혹은 순응자
여성 8	1	0	12	12	16	-4	항시참여자 혹은 반항자

은 항시참여자) 사람들과 그들의 비율이다.

다음으로 반항자가 있으면 어떤 문제가 있는지 간단히 살펴보겠다. 앞에서 반항자란 도구변수가 1일 때는 참여하지 않고, 도구변수가 0일 때 참여하는 사람들이라고 설명하였다. 즉, Z값이 1일 때 D가 0의 값을 가지는 것이 관측되고, Z값이 0일 때 D가 1의 값을 가지는 것이 관측되는 사람들이다. 표 15에서 보듯이 이런 사람들이 존재한다면 확실한 항시불참자, 혹은 확실한 항시참여자를 구분할 수 없다. 따라서 각 유형의 비율을 계산할 수 없다.

다음 절에서는 이 내용에 이어서 도구변수를 사용하면 어떤 평균 인과효과를 얻게 되는지에 대해 알아보겠다.

순응자들의 평균 인과효과

본인의 선택이 도구변수에 의해 영향을 받는 사람들은 순응자와 반항자 집단이다. 하지만 우리는 '동질성 조건'에 의해 반항자는 없다고 가정하기 때문에, 결과적으로 도구변수에 의해 영향을 받는 집단은 순응자들이다. 따라서 도구변수를 통해 평균 인과효과를 구하면 우리가 얻게 되는 값은 '순응자들의 평균 인과효과'이다. 그렇다면 이 값을 어떻게 얻는지 한번 살펴보자.

표 16에서처럼 우선 도구변수 Z가 1인 여성들의 Y값의 평균을 계산하자. 여기에서는 24, 52, 16의 합을 3으로 나누어 주게 되므로 약 30.7을 얻게 된다. 즉, 자녀가 둘 이상 있는 친구가 있는 여성들의 실제 주당 근로시간의 평균은 약 30.7시간이다.

|표 16| **도구변수 값이 1인 여성들의 평균 실제 주당 근로시간**

	둘째 출산 여부	자녀 둘 이상 친구 유무	실제 주당 근로시간	잠재적 주당 근로시간		개별 인과효과	유형
	D	Z	Y	Y(1)	Y(0)	Y(1)-Y(0)	
여성 1	1	1	24	24	44	-20	항시참여자 혹은 순응자
여성 2	0	1	52	0	52	-52	항시불참자
여성 3	0	0	40	16	40	-24	항시불참자 혹은 순응자
여성 4	1	0	40	40	40	0	항시참여자
여성 5	1	1	16	16	24	-8	항시참여자 혹은 순응자
여성 6	0	0	44	32	44	-12	항시불참자 혹은 순응자
여성 7	0	0	40	0	40	-40	항시불참자 혹은 순응자
여성 8	1	0	12	12	16	-4	항시참여자
			평균=30.7				

다음으로 표 17에서처럼 도구변수 Z가 0인 여성들의 Y값의 평균을 계산하자. 다섯 명의 여성이 있는데 이 여성들의 Y값 평균은 35.2이다. 즉, 자녀가 둘 이상 있는 친한 친구가 없는 여성들의 실제 주당 근로시간의 평균은 35.2시간이다.

이제 이 두 값의 차이를 계산하면, 30.7-35.2가 되어서 -4.5를 얻게 된다. 이 값은 어떤 의미를 가지고 있을까? 임번스와 앵그리스트의 1994년 논문 결과에 따르면, 이 값은 '순응자들의 평균 인과효과와 순응

|표 17| 도구변수 값이 0인 여성들의 평균 실제 주당 근로시간

	둘째 출산 여부	자녀 둘 이상 친구 유무	실제 주당 근로시간	잠재적 주당 근로시간		개별 인과효과	유형
	D	Z	Y	Y(1)	Y(0)	Y(1)-Y(0)	
여성 1	1	1	24	24	44	-20	항시참여자 혹은 순응자
여성 2	0	1	52	0	52	-52	항시불참자
여성 3	0	0	40	16	40	-24	항시불참자 혹은 순응자
여성 4	1	0	40	40	40	0	항시참여자
여성 5	1	1	16	16	24	-8	항시참여자 혹은 순응자
여성 6	0	0	44	32	44	-12	항시불참자 혹은 순응자
여성 7	0	0	40	0	40	-40	항시불참자 혹은 순응자
여성 8	1	0	12	12	16	-4	항시참여자
			평균=35.2				

자들의 비율의 곱'이 된다.

[Z=1인 사람들의 Y 평균]-[Z=0인 사람들의 Y 평균]
30.7 35.2

=순응자들의 평균 인과효과×순응자 비율
? 0.27

따라서 순응자들의 비율로 Z=1 집단과 Z=0 집단의 Y의 평균값 차이를 나누어 주면 순응자들의 평

|표 18| **둘째를 출산한 여성들의 평균 인과효과**

	둘째 출산 여부	자녀 둘 이상 친구 유무	실제 주당 근로시간	잠재적 주당 근로시간		개별 인과효과	유형
	D	Z	Y	Y(1)	Y(0)	Y(1)-Y(0)	
여성 1	1	1	24	24	44	-20	항시참여자 혹은 순응자
여성 2	0	1	52	0	52	-52	항시불참자
여성 3	0	0	40	16	40	-24	항시불참자 혹은 순응자
여성 4	1	0	40	40	40	0	항시참여자
여성 5	1	1	16	16	24	-8	항시참여자 혹은 순응자
여성 6	0	0	44	32	44	-12	항시불참자 혹은 순응자
여성 7	0	0	40	0	40	-40	항시불참자 혹은 순응자
여성 8	1	0	12	12	16	-4	항시참여자
						평균=-8	

균 인과효과를 얻게 된다. 앞에서 순응자들의 비율이 27%라는 것을 구하였으므로, -4.5÷0.27을 계산하면 약 -16.7이라는 값을 얻게 된다. 이 값이 바로 순응자들의 평균 인과효과로서, 순응자들은 둘째를 출산하였을 때 평균적으로 주당 약 16.7시간을 덜 일하게 된다고 해석할 수 있다.

임번스와 앵그리스트의 논문에서는 순응자들의 평균 인과효과를 Local Average Treatment Effect, 줄여서 LATE라고 부른다. 도구변수를 통해 평균 인과효과를 계산하면 우리가 보고 있는 집단 전체의 평균 인과효과가 아닌 한 유형의 평균 인과효과, 즉 순응자들의 평균 인과효과를 얻을 수 있다는 의미이다.

이러한 순응자들의 평균 인과효과를 앞에서 구하였던 다른 평균 인과효과들과 비교해 보자.

우선 표 18에서 볼 수 있듯이 둘째 자녀를 출산한 여성들, 즉 D값이 1인 여성들의 둘째 출산의 평균 인과효과는 주당 근로시간이 평균적으로 8시간 줄어드는 것이었다. 정책결정자의 입장에서는 둘째 출산을 장려하는 정책을 사용할 때 경력단절 등을 지원하는 프로그램을 함께 사용할 수 있기 때문에 이 값의 크기를 아는 것이 중요하다. 하지만 D값이 1인 여성들의 개별 인과효과를 알 수 없기 때문에 이 값은 우리가 실제로는 계산할 수 없는 값이다.

이 값을 알기 위해 전체 여성들 중 둘째를 낳은 여성들과 그렇지 않은 여성들을 비교하는 방법을 택한다면 선택편향 문제가 발생한다. 따라서 통제변수를 사용해서 비슷한 학력을 갖고 비슷한 직종에 종사하는 사람들을 골라내서 그중 둘째를 낳은 여성들과 그렇지 않은 여성들의 주당 근로시간을 비교함으로써 선택편향 문제를 줄일 수 있고, 결과적으로 우리가

|표 19| **대졸 사무직 여성들 중 둘째를 출산한 여성들의 평균 인과효과**

	둘째 출산 여부	자녀 둘 이상 친구 유무	실제 주당 근로시간	잠재적 주당 근로시간		개별 인과효과	유형
	D	Z	Y	Y(1)	Y(0)	Y(1)-Y(0)	
여성 1	1	1	24	24	44	-20	항시참여자 혹은 순응자
여성 2	0	1	52	0	52	-52	항시불참자
여성 3	0	0	40	16	40	-24	항시불참자 혹은 순응자
여성 4	1	0	40	40	40	0	항시참여자
여성 5	1	1	16	16	24	-8	항시참여자 혹은 순응자
여성 6	0	0	44	32	44	-12	항시불참자 혹은 순응자
여성 7	0	0	40	0	40	-40	항시불참자 혹은 순응자
여성 8	1	0	12	12	16	-4	항시참여자
						평균=-10	

알고자 하는 '둘째를 출산한 여성들의 평균 인과효과'에 근접한 값을 얻을 수 있었다.

이를 구체적인 숫자로 확인해 보자. 표 19에서 여성 1, 3, 4, 6은 대졸 사무직 여성들이다. 이들 중 둘째를 출산한 여성, 즉 D값이 1인 여성 1과 4의 평균 인과효과는 -10이다. 앞에서와 마찬가지로 대졸 사무직 여성들 중 둘째를 출산한 여성들의 평균 인과효과는 정책적으로 중요하지만 이 값을 정확하게 구할 수는 없다.

그러나 표 20과 표 21에서 볼 수 있듯이 D값이 1

|표 20| 대졸 사무직 여성들 중 둘째를 출산한 여성들의 평균 실제 주당 근로시간

	둘째 출산 여부	자녀 둘 이상 친구 유무	실제 주당 근로시간	잠재적 주당 근로시간		개별 인과효과	유형
	D	Z	Y	Y(1)	Y(0)	Y(1)-Y(0)	
여성 1	1	1	24	24	44	-20	항시참여자 혹은 순응자
여성 2	0	1	52	0	52	-52	항시불참자
여성 3	0	0	40	16	40	-24	항시불참자 혹은 순응자
여성 4	1	0	40	40	40	0	항시참여자
여성 5	1	1	16	16	24	-8	항시참여자 혹은 순응자
여성 6	0	0	44	32	44	-12	항시불참자 혹은 순응자
여성 7	0	0	40	0	40	-40	항시불참자 혹은 순응자
여성 8	1	0	12	12	16	-4	항시참여자
			평균=32			평균=-10	

|표 21| 대졸 사무직 여성들 중 둘째를 출산하지 않은 여성들의 평균 실제 주당 근로시간

	둘째 출산 여부	자녀 둘 이상 친구 유무	실제 주당 근로시간	잠재적 주당 근로시간		개별 인과효과	유형
	D	Z	Y	Y(1)	Y(0)	Y(1)-Y(0)	
여성 1	1	1	24	24	44	-20	항시참여자 혹은 순응자
여성 2	0	1	52	0	52	-52	항시불참자
여성 3	0	0	40	16	40	-24	항시불참자 혹은 순응자
여성 4	1	0	40	40	40	0	항시참여자
여성 5	1	1	16	16	24	-8	항시참여자 혹은 순응자
여성 6	0	0	44	32	44	-12	항시불참자 혹은 순응자
여성 7	0	0	40	0	40	-40	항시불참자 혹은 순응자
여성 8	1	0	12	12	16	-4	항시참여자
			평균=42			평균=-10	

인 여성들의 평균 근로시간인 32시간과 D값이 0인 여성들의 주당 평균 근로시간인 42시간을 비교하면 -10을 얻게 되므로, 우리가 알고 싶은 평균 인과효과인 -10을 얻을 수 있게 된다.

지금까지의 내용을 정리해 보면 다음과 같다. 우리가 분석하고 있는 대상은 자녀가 한 명 혹은 두 명 있는 여성들이며, 자녀의 수가 두 명으로 늘어났을 때 여성들이 근로시간을 평균적으로 얼마나 줄이게 되는지 알아보려고 한다. 여러 평균 인과효과가 소개되어서 독자들이 헷갈릴 수 있으므로 다음처럼 정리해 보겠다.

(1) 둘째를 출산한 여성들의 평균 인과효과=-8시간(알고자 하는 값)

(2) 둘째를 출산한 여성들 vs 둘째를 출산하지 않은 여성들의 평균 주당 근로시간의 차이=-21시간(데이터로부터 얻은 값: 선택편향 존재)

(3) 둘째를 출산한 '대졸 사무직 여성들'의 평균 인과효과=-10시간(알고자 하는 값)

(4) 둘째를 출산한 '대졸 사무직 여성들' vs 둘째를 출산하지 않은 '대졸 사무직 여성들'의 평균 주당 근로시간의 차이=-10시간(데이터로부터 얻은 값: 통제변수

를 통한 선택편향 제거)

(5) 전체 여성들의 평균 인과효과=-20시간(알고자 하는 값)

(6) 전체 여성들 중 순응자들의 평균 인과효과= -16.7시간(데이터로부터 얻은 값: 도구변수를 통한 선택편향 제거)

먼저 (1)과 (2)를 비교해 보면, 둘째를 출산한 여성들의 평균 인과효과를 알기 위해 둘째를 출산한 여성들과 그렇지 않은 여성들의 근로시간을 비교하면 선택편향으로 인해 오차가 발생하게 된다. 따라서 선택편향을 줄이기 위해 통제변수를 사용하였다.

(3)과 (4)에서는 통제변수로 학력과 직종을 사용하여 대졸 사무직 여성들 중 둘째를 출산한 여성들과 그렇지 않은 여성들의 근로시간을 비교함으로써 선택편향을 제거하고 알고자 하는 평균 인과효과를 얻을 수 있었다.

그러나 실제 데이터를 분석할 때는 어떤 통제변수를 사용해야 하는지 알기가 어렵고, 통제변수를 사용한다고 하더라도 선택편향이 완전히 제거되지 않는 경우도 있다. 따라서 이를 해결하기 위해 도구변수를 사용하였다.

도구변수를 사용하여 평균 인과효과를 계산하게 되면 (5)와 같은 전체 여성들의 평균 인과효과(average treatment effect: ATE)가 아닌 (6)과 같이 도구변수로 인해 선택을 바꾼 사람들, 즉 순응자들의 평균 인과효과(local average treatment effect: LATE)를 얻게 된다. 전체 여성 중에서는 순응자뿐만 아니라 항시참여자(도구변수에 관계없이 항상 둘째를 낳으려는 여성들) 혹은 항시불참자(도구변수에 관계없이 항상 둘째를 낳지 않으려는 여성들)도 존재하는데, 도구변수는 이들의 평균 인과효과를 알아낼 수 없기 때문이다.

또한 순응자들의 평균 인과효과는 둘째를 출산한 여성들의 평균 인과효과 (1) 혹은 둘째를 출산한 대졸 사무직들의 평균 인과효과 (3)과는 다른 값이다. 우리의 예시에서는 순응자들의 평균 인과효과가 주당 16.7시간 덜 일하게 된다는 것으로 나타나는데, 이는 (1)이나 (3)보다 더 크다. 일반적으로 이러한 여러 평균 인과효과들의 대소관계를 알 수 없으며, 정책결정자가 어떤 목적을 가지고 정확히 어떤 인과효과를 알고자 하는지 먼저 결정하고 이에 따른 적절한 분석방법을 사용해야만 계산된 인과효과를 올바르게 해석할 수 있다.

5

도구변수를 통해 얻은 평균 인과효과의 함의

도구변수를 사용해서 인과효과를 추정하면 순응자들의 평균 인과효과를 얻게 된다는 것은 어떤 함의를 지닐까?

첫 번째로 도구변수를 사용해서 우리가 얻게 되는 인과효과의 추정 값•이 전체 집단을 대표하지 않는다는 점이다. 어떤 도구변수를 사용하는지에 따라 순응자들의 비율이 클 수도 작을 수도 있으며, 도구변수로 인해 선택을 바꾸는 순응자들이 다른 유형의 사람들에 비해 특별한 사람들일 수도 있다. 따라서 순응자들의 평균 인과효과를 가지고 항시참여자나 항시불참자가 포함되어 있는 전체 집단의 인과효과에 대해 이야기하는 것은 자칫 무리한 해석이 될 수 있으므로 주의해야 한다.

추정 값: 실제 데이터를 사용해 얻은 값으로 추정에 사용된 표본, 관측치의 수에 따라 바뀔 수 있다.

순응자들의 평균 인과효과(LATE)를 어떻게 해석해야 하느냐는 노벨 경제학상 수상자들 여럿이 논쟁을 벌일 만큼 경제학계에서 중요한 이슈였다. 2000년 노벨 경제학상을 수상한 제임스 헤크먼(James Heckman) 교수는 세르히오 우르수아(Sergio Urzua) 교수와 함께 쓴 2009년 논문에서 LATE는 정책적으로 의미 있는 인과효과가 되기 어렵다는 주장을 하였고(Heckman and Urzua 2009), 2015년 노벨 경제학상을 수상한 앵거스 디턴(Angus Deaton) 교수 역시 2009년 논문에서 무작위실험과 도구변수 등 응용미시경제학 분야에서 각광을 받던 여러 방법론들이 "정책적으로 의미 있는 값을 식별하는 것"이 아니라 "그것이 무엇이든 식별되는 값이 중요하다"고 여기고 있다고 비판하였다(Deaton 2009). 이에 대해 (이후 2021년 노벨 경제학상을 수상한) 임번스 교수는 LATE가 '늦은'이라는 뜻을 가진 영단어라는 것을 이용하여 「아무것도 하지 않는 것보다는 늦는 것이 낫다」(Better LATE Than Nothing)라는 2010년 논문을 통해 앞선 학자들의 비판에 대해 도구변수가 경제학 실증분석의 신뢰성을 높이는 데 큰 도움을 줄 수 있다는 주장을 하였다(Imbens 2010).

LATE에 대한 여러 학자들의 비판은 도구변수로 추정한 인과효과를 사용자의 입맛대로 해석해서는 안 된다는 것으로 이해할 수 있다. 한편으로 도구변수를 통한 LATE 식별 및 추정을 비롯한 이중차분법(DID), 회귀단절법(RD) 등의 방법론이 지난 10~20년간 경제학 실증연구에 막대한 영향을 주었고 이를 통해 내생성 문제를 극복한 연구들이 많이 발표되었다. 따라서 LATE가 의미 있는 인과효과를 주느냐는 더 이상 중요한 논쟁이 아니라고 생각되며, 도구변수와 LATE

를 바탕으로 '어떻게 정책적으로 더 의미 있는 인과효과를 찾아낼 것인가'가 앞으로 경제학자들이 풀어나가야 할 숙제라고 할 수 있다. 이러한 주제에 관해서 최신 논문들이 발표되고 있다(Andrews, Barahona, Gentzkow, Rambachan, and Shapiro 2023; Mogstad, Santos, and Torgovitsky 2018).

우리가 얻을 수 있는 두 번째 함의는 연구자가 어떤 도구변수를 사용하는지에 따라 서로 다른 인과효과를 얻을 수 있다는 것이다. 이는 순응자 집단이 도구변수에 따라 바뀌기 때문이다. 예를 들어, 미국의 1970~1980년대에 첫째와 둘째 자녀의 성별이 같으면 셋째를 낳을 가능성이 높아진다는 사실을 도구변수로 사용해서 셋째를 낳았을 때 여성이 얼마나 덜 일하게 되는지를 추정한 앵그리스트와 에반스의 1998년 논문에서, 순응자들은 첫째와 둘째의 성별이 같으면 셋째를 낳고, 그렇지 않으면 셋째를 낳지 않는 여성들이다. 만약 첫째와 둘째가 둘 다 아들인 경우와 둘 다 딸인 경우를 분리해서 생각해 보면, 아들이 둘 있어서 셋째를 낳기로 한 순응자와 딸이 둘 있어서 셋째를 낳기로 한 순응자는 조금 다른 여성들일 수도 있다.

도구변수 1: 첫째와 둘째 모두 아들→셋째 출산
→노동공급 감소(주당 -7시간)
도구변수 2: 첫째와 둘째 모두 딸→셋째 출산
→노동공급 감소(주당 -3시간)

저자가 앵그리스트와 에반스의 1998년 논문의 데이터를 사용하여 추정해 본 결과는 다음과 같다. 첫째와 둘째가 모두 아들인 경우를 도구변수 1로, 모두 딸인 경우를 도구변수 2로 사용하여 각각 평균 인과효과를 구해 보면, 도구변수 1을 사용해 얻은 평균 인과효과가 도구변수 2를 사용하였을 때보다 훨씬 크게 나온다. 즉, 아들이 둘 있어서 셋째를 가진 여성들이 노동공급을 더 크게 줄인 것이다.

이러한 결과를 통해 알 수 있는 것은 도구변수를 사용해 얻은 평균 인과효과를 해석할 때 도구변수에 따라 그 값이 바뀔 수 있다는 것을 염두에 두고 해석을 해야 한다는 것이다. 이 역시 앞에서 언급하였던 LATE에 대한 비판의 한 이유가 될 수 있는데, 다른 한편으로는 도구변수가 여러 개 있을 때 다양한 순응자 집단을 구성할 수 있으므로 이러한 정보를 잘 이용하면 순응자 집단을 넘어선 더 큰 집단의 평균 인과효과를 추정하는 방법도 생각할 수 있다.

또한 인과효과를 가지고 통계적 추론●을 하기 위해서는 인과효과의 추정과 더불어 그 값이 얼마나 정확하게 추정되었는지 또한 분석해야 한다. 도구변수를 사용한 통계적 추론 분야는 저자의 연구 주제 중의 하나이기도 한데, 저자의 최근 논문에서 도구변수가 여러 개 있을 때 얻게 되는 평균 인과효과가 얼마나 정확히 추정되었는지를 계산할 수 있는 방법을 제시하였다(Lee 2018).

통계적 추론: 데이터를 통해 계산한 추정 값의 불확실성을 고려하여 우리가 관측하지 못하는 모집단에서 정의된 파라미터(parameter)의 값에 대해 통계적인 판단을 내리는 것을 뜻한다.

나가며

책의 첫 부분에서 임번스 교수와 앵그리스트 교수가 2021년 노벨 경제학상을 수상하는 데 1994년 논문이 큰 역할을 하였다고 언급하였는데, 이 논문의 업적을 다시 한번 정리해 보면 다음과 같다.

우선 잠재적 결과 모형과 도구변수를 사용해서 인과효과를 분석함으로써 연구자들이 추정하는 값이 보다 엄밀하게 정의되고, 따라서 우리의 이해 역시 더 정확해졌다는 점을 들 수 있다. 이 논문이 나오기 전에도 잠재적 결과 모형이나 도구변수 역시 사용되고 있었지만, 잠재적 결과 모형을 사용하는 쪽에서는 도구변수에 대한 관심이 적었고, 도구변수를 사용하는 쪽에서는 잠재적 결과 모형과 이질적 인과효과 대신 모든 사람이 같은 인과효과를 가지고 있다는 '동일 인과효과'(constant treatment effect) 가정 아래에서 분석을 진행하였다. 임번스와 앵그리스트의 논문은 이러한 서로 다른 두 분야의 지식을 하나로 합치면서 우리가 이전에 미처 생각하지 못하였던 부분을 드러내고 관련 분야의 발전을 이끌었다는 점에서 응용미시경제학과 계량경제학의 발전에 큰 기여를 하였다고 평가할 수 있다.

정책을 만들고 평가하는 사람들은 실제 데이터 분석에 도구변수를 사용함으로써 선택편향의 문제에서 보다 자유로워지고 따라서 인과효과에 대해 좀 더 자신 있는 결론을 내릴 수 있다. 또한 도구변수를 사용할 때 순응자들이 어떤 사람들인지 자세히 살펴봄으로써 정책의 효과가 미치는 대상에 대해 기존보다 더 정교한 분석을 할 수 있다.

지금까지 인과추론 방법 중 도구변수법에 대해 알아보았다. 학술적인 내용을 최대한 쉽게 설명하려다 보니 여러 부족한 점이 있겠지만 이를 통해 독자들이 경제학의 중요한 연구방향 중 하나인 인과추론을 이해하는 데 조금이나마 도움이 되었기를 바란다.

참고문헌

박철성·손유영(2023), 「한국에서 출산이 어머니의 노동공급에 미치는 인과효과에 관한 연구」, *The Korean Economic Review*, 39(1), 55~72.

Andrews, Isaiah, Nano Barahona, Matthew Gentzkow, Ashesh Rambachan, and Jesse M. Shapiro(2023), "Causal Interpretation of Structural IV Estimands," National Bureau of Economic Research Working Paper 31799.

Angrist, Joshua D. and Alan B. Krueger(1991), "Does Compulsory School Attendance Affect Schooling and Earnings?," *The Quarterly Journal of Economics*, 106(4), 979~1014.

Angrist, Joshua D. and William N. Evans(1998), "Children and Their Parents' Labor Supply: Evidence from Exogenous Variation in Family Size," *American Economic Review*, 88(3), 450~477.

Card, David(1995), "Using geographic variation in college proximity to estimate the return to schooling," in L. N. Christofides, E. K. Grant, and R. Swidinsky, editors, *Aspects of Labor Market Behavior: Essays in Honour of John Vanderkamp*, University of Toronto Press.

Chernozhukov, Victor, Denis Chetverikov, Mert Demirer, Esther Duflo, Christian B. Hansen, Whitney Newey, and James M. Robins(2018), "Double/debiased machine learning for treatment and structural parameters: Double/debiased machine learning," *The Econometrics Journal*, 21(1), C61~C68.

Deaton, Angus S.(2009), "Instruments of Development: Randomization in the Tropics, and the Search for the Elusive Keys to Economic Development," National Bureau of Economic Research Working Paper 14690.

Heckman, James J. and Sergio Urzua(2009), "Comparing IV with Structural Models: What Simple IV Can and Cannot Identify," National Bureau of Economic

Research Working Paper 14706.

Hwang, Jisoo(2023), "Later, Fewer, None? Recent Trends in Cohort Fertility in South Korea," *Demography*, 60(2), 563~582.

Imbens, Guido W.(2010), "Better LATE Than Nothing: Some Comments on Deaton (2009) and Heckman and Urzua(2009)," *Journal of Economic Literature*, 48(2), 399~423.

Imbens, Guido and Joshua D. Angrist(1994), "Identification and Estimation of Local Average Treatment Effects," *Econometrica*, 62(2), 467~475.

Lee, Seojeong(2018), "A consistent variance estimator for 2SLS when instruments identify different LATEs," *Journal of Business & Economic Statistics*, 36(3), 400~410.

Mogstad, M., Andres Santos, and Alexander Torgovitsky(2018), "Using instrumental variables for inference about policy relevant treatment parameters," *Econometrica*, 86(5), 1589~1619.

찾아보기